50 LANGUAGES

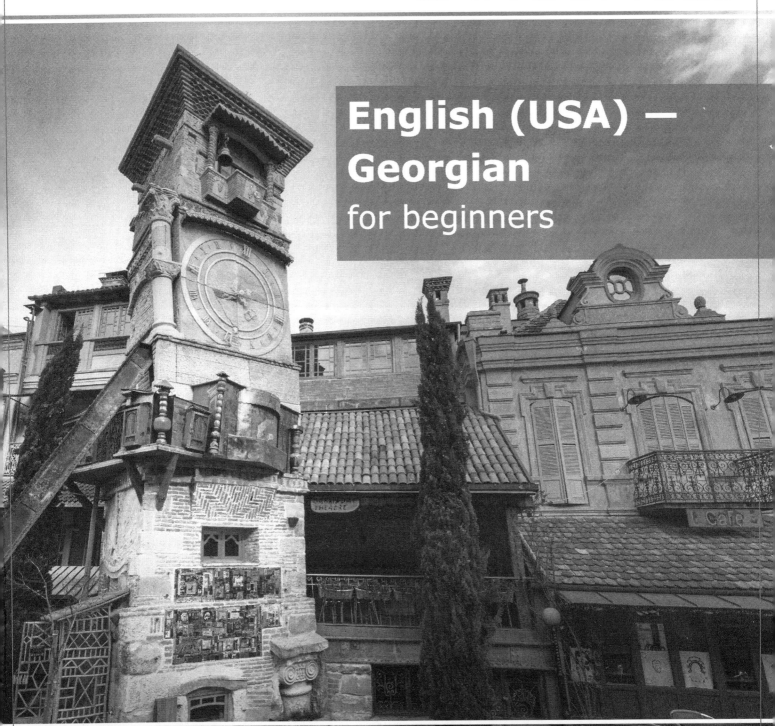

English (USA) — Georgian
for beginners

IMPRINT / IMPRESSUM

Johannes Schumann:
50LANGUAGES English (USA) - Georgian for beginners
EAN-13 (ISBN-13): 978-1-64018-084-0

Inquiries / Anfragen:
info@50languages.com
info@goethe-verlag.com

Table of contents

1 [one]

1 [ერთი]
1 [erti]

People

პიროვნებები
p'irovnebebi

I	მე me
I and you	მე და შენ me da shen
both of us	ჩვენ ორივე chven orive
he	ის is
he and she	ის [კაცი] და ის [ქალი] is [k'atsi] da is [kali]
they both	ისინი ორივე isini orive
the man	კაცი k'atsi
the woman	ქალი kali
the child	ბავშვი bavshvi

1 [one]

People

1 [ერთი]
1 [erti]

პიროვნებები
p'irovnebebi

a family	ოჯახი ojakhi
my family	ჩემი ოჯახი chemi ojakhi
My family is here.	ჩემი ოჯახი აქ არის. chemi ojakhi ak aris.
I am here.	მე აქ ვარ. me ak var.
You are here.	შენ აქ ხარ. shen ak khar.
He is here and she is here.	ის [კაცი] აქ არის და ის [ქალი] აქ არის. is [k'atsi] ak aris da is [kali] ak aris.
We are here.	ჩვენ აქ ვართ. chven ak vart.
You are here.	თქვენ აქ ხართ. tkven ak khart.
They are all here.	ისინი ყველანი აქ არიან. isini qvelani ak arian.

2 [two]

Family Members

2 [ორი]
2 [ori]

ოჯახი
ojakhi

the grandfather	ბაბუა babua
the grandmother	ბებია bebia
he and she	ის [კაცი] და ის [ქალი] is [k'atsi] da is [kali]
the father	მამა mama
the mother	დედა deda
he and she	ის [კაცი] და ის [ქალი] is [k'atsi] da is [kali]
the son	ვაჟი vazhi
the daughter	ქალიშვილი kalishvili
he and she	ის [კაცი] და ის [ქალი] is [k'atsi] da is [kali]

2 [two]

Family Members

2 [ორი]
2 [ori]

ოჯახი
ojakhi

the brother	ძმა dzma
the sister	და da
he and she	ის [კაცი] და ის [ქალი] is [k'atsi] da is [kali]
the uncle	ბიძა bidza
the aunt	დეიდა / მამიდა deida / mamida
he and she	ის [კაცი] და ის [ქალი] is [k'atsi] da is [kali]
We are a family.	ჩვენ ერთი ოჯახი ვართ. chven erti ojakhi vart.
The family is not small.	ოჯახი არ არის პატარა. ojakhi ar aris p'at'ara.
The family is big.	ოჯახი დიდია. ojakhi didia.

3 [three]

3 [სამი]
3 [sami]

Getting to know others

გაცნობა
gatsnoba

Hi!	გამარჯობა! gamarjoba!
Hello!	გამარჯობა! gamarjoba!
How are you?	როგორ ხარ? rogor khar?
Do you come from Europe?	ევროპელი ხართ? evrop'eli khart?
Do you come from America?	ამერიკელი ხართ? amerik'eli khart?
Do you come from Asia?	აზიელი ხართ? azieli khart?
In which hotel are you staying?	რომელ სასტუმროში ცხოვრობთ? romel sast'umroshi tskhovrobt?
How long have you been here for?	რამდენი ხანია რაც აქ ხართ? ramdeni khania rats ak khart?
How long will you be staying?	რამდენი ხნით რჩებით? ramdeni khnit rchebit?

3 [three]

Getting to know others

3 [სამი]
3 [sami]

გაცნობა
gatsnoba

Do you like it here?	მოგწონთ აქ? mogts'ont ak?
Are you here on vacation?	აქ შვებულება გაქვთ? ak shvebuleba gakvt?
Please do visit me sometime!	მესტუმრეთ როგორმე! mest'umret rogorme!
Here is my address.	ეს ჩემი მისამართია. es chemi misamartia.
Shall we see each other tomorrow?	ხვალ შევხვდებით? khval shevkhvdebit?
I am sorry, but I already have plans.	ვწუხვარ, მაგრამ უკვე დავგეგმე რაღაც. vts'ukhvar, magram uk've davgegme raghats.
Bye!	კარგად! k'argad!
Good bye!	ნახვამდის! nakhvamdis!
See you soon!	დროებით! droebit!

4 [four] — 4 [ოთხი] 4 [otkhi]

At school — სკოლაში sk'olashi

Where are we?	სად ვართ? sad vart?
We are at school.	სკოლაში ვართ. sk'olashi vart.
We are having class / a lesson.	გაკვეთილი გვაქვს. gak'vetili gvakvs.
Those are the school children.	ესენი მოსწავლეები არიან. eseni mosts'avleebi arian.
That is the teacher.	ეს მასწავლებელია. es masts'avlebelia.
That is the class.	ეს კლასია. es k'lasia.
What are we doing?	რას ვაკეთებთ? ras vak'etebt?
We are learning.	ვსწავლობთ. vsts'avlobt.
We are learning a language.	ენას ვსწავლობთ. enas vsts'avlobt.

4 [four]

At school

4 [ოთხი]
4 [otkhi]

სკოლაში
sk'olashi

I learn English.

მე ვსწავლობ ინგლისურს.
me vsts'avlob inglisurs.

You learn Spanish.

შენ სწავლობ ესპანურს.
shen sts'avlob esp'anurs.

He learns German.

ის სწავლობს გერმაულს.
is sts'avlobs germauls.

We learn French.

ჩვენ ვსწავლობთ ფრანგულს.
chven vsts'avlobt pranguls.

You all learn Italian.

თქვენ სწავლობთ იტალიურს.
tkven sts'avlobt it'aliurs.

They learn Russian.

ისინი სწავლობენ რუსულს.
isini sts'avloben rusuls.

Learning languages is interesting.

ენების სწავლა საინტერესოა.
enebis sts'avla saint'eresoa.

We want to understand people.

ჩვენ გვინდა გვესმოდეს ადამიანების.
chven gvinda gvesmodes adamianebis.

We want to speak with people.

ჩვენ ადამიანებთან ლაპარაკი გვინდა.
chven adamianebtan lap'arak'i gvinda.

5 [five]

Countries and Languages

5 [ხუთი]
5 [khuti]

ქვეყნები და ენები

kveqnebi da enebi

John is from London.	ჯონი ლონდონიდან არის. joni londonidan aris.
London is in Great Britain.	ლონდონი მდებარეობს დიდ ბრიტანეთში. londoni mdebareobs did brit'anetshi.
He speaks English.	ის ინგლისურად ლაპარაკობს. is inglisurad lap'arak'obs.
Maria is from Madrid.	მარია მადრიდიდან არის. maria madrididan aris.
Madrid is in Spain.	მადრიდი მდებარეობს ესპანეთში. madridi mdebareobs esp'anetshi.
She speaks Spanish.	ის ესპანურად ლაპარაკობს. is esp'anurad lap'arak'obs.
Peter and Martha are from Berlin.	პეტერი და მართა ბერლინიდან არიან. p'et'eri da marta berlinidan arian.
Berlin is in Germany.	ბერლინი მდებარეობს გერმანიაში. berlini mdebareobs germaniashi.
Do both of you speak German?	თქვენ ორივე გერმანულად ლაპარაკობთ? tkven orive germanulad lap'arak'obt?

5 [five]

Countries and Languages

5 [ხუთი]

5 [khuti]

ქვეყნები და ენები

kveqnebi da enebi

London is a capital city.
ლონდონი დედაქალაქია.
londoni dedakalakia.

Madrid and Berlin are also capital cities.
მადრიდი და ბერლინიც დედაქალაქებია.
madridi da berlinits dedakalakebia.

Capital cities are big and noisy.
დედაქალაქები დიდი და ხმაურიანია.
dedakalakebi didi da khmauriania.

France is in Europe.
საფრანგეთი ევროპაშია.
saprangeti evrop'ashia.

Egypt is in Africa.
ეგვიპტე აფრიკაშია.
egvip't'e aprik'ashia.

Japan is in Asia.
იაპონია აზიაშია.
iap'onia aziashia.

Canada is in North America.
კანადა ჩრდილოეთ ამერიკაშია.
k'anada chrdiloet amerik'ashia.

Panama is in Central America.
პანამა ცენტრალურ ამერიკაშია.
p'anama tsent'ralur amerik'ashia.

Brazil is in South America.
ბრაზილია სამხრეთ ამერიკაშია.
brazilia samkhret amerik'ashia.

6 [six]

Reading and writing

6 [ექვსი]
6 [ekvsi]

კითხვა და წერა
k'itkhva da ts'era

I read.	ვკითხულობ. vk'itkhulob.
I read a letter.	მე ასოს ვკითხულობ. me asos vk'itkhulob.
I read a word.	მე სიტყვას ვკითხულობ. me sit'qvas vk'itkhulob.
I read a sentence.	მე წინადადებას ვკითხულობ. me ts'inadadebas vk'itkhulob.
I read a letter.	მე წერილს ვკითხულობ. me ts'erils vk'itkhulob.
I read a book.	მე წიგნს ვკითხულობ. me ts'igns vk'itkhulob.
I read.	ვკითხულობ. vk'itkhulob.
You read.	შენ კითხულობ. shen k'itkhulob.
He reads.	ის კითხულობს. is k'itkhulobs.

6 [six]

6 [ექვსი]
6 [ekvsi]

Reading and writing

კითხვა და წერა
k'itkhva da ts'era

I write.	ვწერ. vts'er.
I write a letter / character.	მე ასოს ვწერ. me asos vts'er.
I write a word.	მე სიტყვას ვწერ. me sit'qvas vts'er.
I write a sentence.	მე წინადადებას ვწერ. me ts'inadadebas vts'er.
I write a letter.	მე წერილს ვწერ. me ts'erils vts'er.
I write a book.	მე წიგნს ვწერ. me ts'igns vts'er.
I write.	ვწერ. vts'er.
You write.	შენ წერ. shen ts'er.
He writes.	ის წერს. is ts'ers.

7 [seven]

Numbers

7 [შვიდი]
7 [shvidi]

რიცხვები
ritskhvebi

I count:	ვითვლი: vitvli:
one, two, three	ერთი, ორი, სამი erti, ori, sami
I count to three.	ვითვლი სამამდე. vitvli samamde.
I count further:	ვაგრძელებ თვლას: vagrdzeleb tvlas:
four, five, six,	ოთხი, ხუთი, ექვსი, otkhi, khuti, ekvsi,
seven, eight, nine	შვიდი, რვა, ცხრა shvidi, rva, tskhra
I count.	მე ვითვლი. me vitvli.
You count.	შენ ითვლი. shen itvli.
He counts.	ის ითვლის. is itvlis.

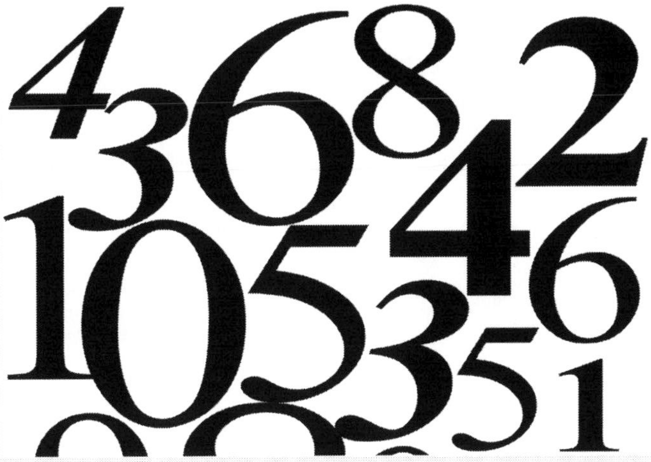

7 [seven]		7 [შვიდი] 7 [shvidi]
Numbers		რიცხვები ritskhvebi

One. The first.	ერთი. პირველი. erti. p'irveli.
Two. The second.	ორი. მეორე. ori. meore.
Three. The third.	სამი. მესამე. sami. mesame.
Four. The fourth.	ოთხი. მეოთხე. otkhi. meotkhe.
Five. The fifth.	ხუთი. მეხუთე. khuti. mekhute.
Six. The sixth.	ექვსი. მეექვსე. ekvsi. meekvse.
Seven. The seventh.	შვიდი. მეშვიდე. shvidi. meshvide.
Eight. The eighth.	რვა. მერვე. rva. merve.
Nine. The ninth.	ცხრა. მეცხრე. tskhra. metskhre.

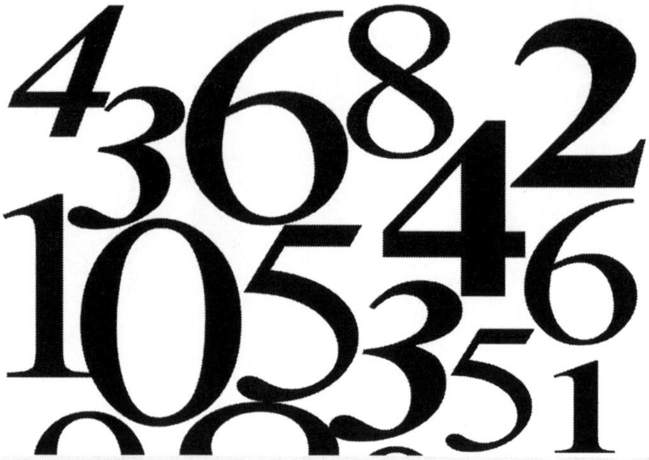

8 [eight]

The time

8 [რვა]
8 [rva]

საათის დროები
saatis droebi

Excuse me!	მაპატიეთ! map'at'iet!
What time is it, please?	უკაცრავად, რომელი საათია? uk'atsravad, romeli saatia?
Thank you very much.	დიდი მადლობა. didi madloba.
It is one o’clock.	პირველი საათია. p'irveli saatia.
It is two o’clock.	ორი საათია. ori saatia.
It is three o’clock.	სამი საათია. sami saatia.
It is four o’clock.	ოთხი საათია. otkhi saatia.
It is five o’clock.	ხუთი საათია. khuti saatia.
It is six o’clock.	ექვსი საათია. ekvsi saatia.

8 [eight]

The time

8 [რვა]
8 [rva]

საათის დროები
saatis droebi

It is seven o'clock.
შვიდი საათია.
shvidi saatia.

It is eight o'clock.
რვა საათია.
rva saatia.

It is nine o'clock.
ცხრა საათია.
tskhra saatia.

It is ten o'clock.
ათი საათია.
ati saatia.

It is eleven o'clock.
თერთმეტი საათია.
tertmet'i saatia.

It is twelve o'clock.
თორმეტი საათია.
tormet'i saatia.

A minute has sixty seconds.
ერთ წუთში სამოცი წამია.
ert ts'utshi samotsi ts'amia.

An hour has sixty minutes.
ერთ საათში სამოცი წუთია.
ert saatshi samotsi ts'utia.

A day has twenty-four hours.
ერთ დღეში ოცდაოთხი საათია.
ert dgheshi otsdaotkhi saatia.

9 [nine]

Days of the week

9 [ცხრა]
9 [tskhra]

კვირის დღეები
k'viris dgheebi

Monday	ორშაბათი orshabati
Tuesday	სამშაბათი samshabati
Wednesday	ოთხშაბათი otkhshabati
Thursday	ხუთშაბათი khutshabati
Friday	პარასკევი p'arask'evi
Saturday	შაბათი shabati
Sunday	კვირა(დღე) k'vira(dghe)
the week	კვირა k'vira
from Monday to Sunday	ორშაბათიდან კვირამდე orshabatidan k'viramde

9 [nine]

Days of the week

9 [ცხრა]
9 [tskhra]

კვირის დღეები
k'viris dgheebi

The first day is Monday.	პირველი დღე ორშაბათია. p'irveli dghe orshabatia.
The second day is Tuesday.	მეორე დღე სამშაბათია. meore dghe samshabatia.
The third day is Wednesday.	მესამე დღე ოთხშაბათია. mesame dghe otkhshabatia.
The fourth day is Thursday.	მეოთხე დღე ხუთშაბათია. meotkhe dghe khutshabatia.
The fifth day is Friday.	მეხუთე დღე პარასკევია. mekhute dghe p'arask'evia.
The sixth day is Saturday.	მეექვსე დღე შაბათია. meekvse dghe shabatia.
The seventh day is Sunday.	მეშვიდე დღე არის კვირა. meshvide dghe aris k'vira.
The week has seven days.	კვირაში არის შვიდი დღე. k'virashi aris shvidi dghe.
We only work for five days.	ჩვენ მხოლოდ ხუთი დღე ვმუშაობთ. chven mkholod khuti dghe vmushaobt.

10 [ten]

Yesterday – today – tomorrow

10 [ათი]
10 [ati]

გუშინ – დღეს – ხვალ
gushin – dghes – khval

Yesterday was Saturday.
გუშინ შაბათი იყო.
gushin shabati iqo.

I was at the cinema yesterday.
გუშინ კინოში ვიყავი.
gushin k'inoshi viqavi.

The film was interesting.
ფილმი იყო საინტერესო.
pilmi iqo saint'ereso.

Today is Sunday.
დღეს არის კვირა.
dghes aris k'vira.

I’m not working today.
დღეს არ ვმუშაობ.
dghes ar vmushaob.

I’m staying at home.
მე სახლში დავრჩები.
me sakhlshi davrchebi.

Tomorrow is Monday.
ხვალ ორშაბათია.
khval orshabatia.

Tomorrow I will work again.
ხვალ ისევ ვმუშაობ.
khval isev vmushaob.

I work at an office.
მე ოფისში ვმუშაობ.
me opisshi vmushaob.

10 [ten]

Yesterday – today – tomorrow

10 [ათი]
10 [ati]

გუშინ – დღეს – ხვალ
gushin – dghes – khval

Who is that?	ეს ვინ არის? es vin aris?
That is Peter.	ეს პეტერია. es p'et'eria.
Peter is a student.	პეტერი სტუდენტია. p'et'eri st'udent'ia.
Who is that?	ეს ვინ არის? es vin aris?
That is Martha.	ეს არის მართა. es aris marta.
Martha is a secretary.	მართა მდივანია. marta mdivania.
Peter and Martha are friends.	პეტერი და მართა მეგობრები არიან. p'et'eri da marta megobrebi arian.
Peter is Martha’s friend.	პეტერი მართას მეგობარია. p'et'eri martas megobaria.
Martha is Peter’s friend.	მართა პეტერის მეგობარია. marta p'et'eris megobaria.

11 [eleven]

Months

11 [თერთმეტი]
11 [tertmet'i]

თვეები
tveebi

January	იანვარი
	ianvari
February	თებერვალი
	tebervali
March	მარტი
	mart'i
April	აპრილი
	ap'rili
May	მაისი
	maisi
June	ივნისი
	ivnisi

These are six months.

ეს არის ექვსი თვე.
es aris ekvsi tve.

January, February, March,

იანვარი, თებერვალი, მარტი,
ianvari, tebervali, mart'i,

April, May and June.

აპრილი, მაისი და ივნისი.
ap'rili, maisi da ivnisi.

11 [eleven]

Months

11 [თერთმეტი]
11 [tertmet'i]

თვეები
tveebi

July	ივლისი ivlisi
August	აგვისტო agvist'o
September	სექტემბერი sekt'emberi
October	ოქტომბერი okt'omberi
November	ნოემბერი noemberi
December	დეკემბერი dek'emberi

These are also six months.

ესეც ექვსი თვეა.
esets ekvsi tvea.

July, August, September,

ივლისი, აგვისტო, სექტემბერი,
ivlisi, agvist'o, sekt'emberi,

October, November and December.

ოქტომბერი, ნოემბერი და დეკემბერი.
okt'omberi, noemberi da dek'emberi.

12 [twelve]

Beverages

12 [თორმეტი]
12 [tormet'i]

სასმელები
sasmelebi

I drink tea.	მე ჩაის ვსვამ. me chais vsvam.
I drink coffee.	მე ყავას ვსვამ. me qavas vsvam.
I drink mineral water.	მე მინერალურ წყალს ვსვამ. me mineralur ts'qals vsvam.
Do you drink tea with lemon?	შენ ჩაის ლიმონით სვამ? shen chais limonit svam?
Do you drink coffee with sugar?	შენ ყავას შაქრით სვამ? shen qavas shakrit svam?
Do you drink water with ice?	ყინულიან წყალს სვამ? qinulian ts'qals svam?
There is a party here.	აქ ზეიმია. ak zeimia.
People are drinking champagne.	ხალხი შამპანურს სვამს. khalkhi shamp'anurs svams.
People are drinking wine and beer.	ხალხი ღვინოს და ლუდს სვამს. khalkhi ghvinos da luds svams.

12 [twelve]

Beverages

12 [თორმეტი]
12 [tormet'i]

სასმელები
sasmelebi

Do you drink alcohol?	სვამ შენ ალკოჰოლს? svam shen alk'ohols?
Do you drink whisky / whiskey (am.)?	სვამ შენ ვისკის? svam shen visk'is?
Do you drink Coke with rum?	სვამ შენ კოლას რომით? svam shen k'olas romit?
I do not like champagne.	მე არ მიყვარს შამპანური. me ar miqvars shamp'anuri.
I do not like wine.	მე არ მიყვარს ღვინო. me ar miqvars ghvino.
I do not like beer.	მე არ მიყვარს ლუდი. me ar miqvars ludi.
The baby likes milk.	თოთო ბავშვს უყვარს რძე. toto bavshvs uqvars rdze.
The child likes cocoa and apple juice.	ბავშვს უყვარს კაკაო და ვაშლის წვენი. bavshvs uqvars k'ak'ao da vashlis ts'veni.
The woman likes orange and grapefruit juice.	ქალს უყვარს ფორთოხლის და გრეიფრუტის წვენი. kals uqvars portokhlis da greiprut'is ts'veni.

13 [thirteen]

13 [ცამეტი]
13 [tsamet'i]

Activities

საქმიანობა
sakmianoba

What does Martha do?	რას საქმიანობს მართა? ras sakmianobs marta?
She works at an office.	ის ოფისში მუშაობს. is opisshi mushaobs.
She works on the computer.	ის კომპიუტერთან მუშაობს. is k'omp'iut'ertan mushaobs.
Where is Martha?	სად არის მართა? sad aris marta?
At the cinema.	კინოში. k'inoshi.
She is watching a film.	ის ფილმს უყურებს. is pilms uqurebs.
What does Peter do?	რას აკეთებს პეტერი? ras ak'etebs p'et'eri?
He studies at the university.	ის უნივერსიტეტში სწავლობს. is universit'et'shi sts'avlobs.
He studies languages.	ის ენებს სწავლობს. is enebs sts'avlobs.

13 [thirteen]

13 [ცამეტი]
13 [tsamet'i]

Activities

საქმიანობა
sakmianoba

Where is Peter?

სად არის პეტერი?
sad aris p'et'eri?

At the café.

კაფეში.
k'apeshi.

He is drinking coffee.

ის ყავას სვამს.
is qavas svams.

Where do they like to go?

სად გიყვართ წასვლა?
sad giqvart ts'asvla?

To a concert.

კონცერტზე.
k'ontsert'ze.

They like to listen to music.

თქვენ გიყვართ მუსიკის მოსმენა.
tkven giqvart musik'is mosmena.

Where do they not like to go?

სად არ გიყვართ წასვლა?
sad ar giqvart ts'asvla?

To the disco.

დისკოთეკაზე.
disk'otek'aze.

They do not like to dance.

მათ არ უყვართ ცეკვა.
mat ar uqvart tsek'va.

14 [fourteen]

14 [თოთხმეტი]
14 [totkhmet'i]

Colors

ფერები
perebi

Snow is white.
თოვლი თეთრია.
tovli tetria.

The sun is yellow.
მზე ყვითელია.
mze qvitelia.

The orange is orange.
ფორთოხალი ნარინჯისფერია.
portokhali narinjisperia.

The cherry is red.
ბალი წითელია.
bali ts'itelia.

The sky is blue.
ცა ცისფერია.
tsa tsisperia.

The grass is green.
ბალახი მწვანეა.
balakhi mts'vanea.

The earth is brown.
მიწა ყავისფერია.
mits'a qavisperia.

The cloud is grey / gray (am.).
ღრუბელი ნაცრისფერია.
ghrubeli natsrisperia.

The tyres / tires (am.) are black.
საბურავები შავია.
saburavebi shavia.

14 [fourteen]

Colors

14 [თოთხმეტი]
14 [totkhmet'i]

ფერები
perebi

What colour / color (am.) is the snow? White.	რა ფერია თოვლი? თეთრი. ra peria tovli? tetri.
What colour / color (am.) is the sun? Yellow.	რა ფერია მზე? ყვითელი. ra peria mze? qviteli.
What colour / color (am.) is the orange? Orange.	რა ფერია ფორთოხალი? ნარინჯისფერი. ra peria portokhali? narinjisperi.
What colour / color (am.) is the cherry? Red.	რა ფერია ბალი? წითელი. ra peria bali? ts'iteli.
What colour / color (am.) is the sky? Blue.	რა ფერია ცა? ცისფერი. ra peria tsa? tsisperi.
What colour / color (am.) is the grass? Green.	რა ფერია ბალახი? მწვანე. ra peria balakhi? mts'vane.
What colour / color (am.) is the earth? Brown.	რა ფერია მიწა? ყავისფერი. ra peria mits'a? qavisperi.
What colour / color (am.) is the cloud? Grey / Gray (am.).	რა ფერია ღრუბელი? ნაცრისფერი. ra peria ghrubeli? natsrisperi.
What colour / color (am.) are the tyres / tires (am.)? Black.	რა ფერია საბურავები? შავი. ra peria saburavebi? shavi.

15 [fifteen]

Fruits and food

15 [თხუთმეტი]
15 [tkhutmet'i]

ხილი და სურსათი
khili da sursati

I have a strawberry.
მე მაქვს მარწყვი.
me makvs marts'qvi.

I have a kiwi and a melon.
მე მაქვს კივი და საზამთრო.
me makvs k'ivi da sazamtro.

I have an orange and a grapefruit.
მე მაქვს ფორთოხალი და გრეიფრუტი.
me makvs portokhali da greiprut'i.

I have an apple and a mango.
მე მაქვს ვაშლი და მანგო.
me makvs vashli da mango.

I have a banana and a pineapple.
მე მაქვს ბანანი და ანანასი.
me makvs banani da ananasi.

I am making a fruit salad.
მე ვაკეთებ ხილის სალათს.
me vak'eteb khilis salats.

I am eating toast.
მე ვჭამ ორცხობილას.
me vch'am ortskhobilas.

I am eating toast with butter.
მე ვჭამ ორცხობილას კარაქით.
me vch'am ortskhobilas k'arakit.

I am eating toast with butter and jam.
მე ვჭამ ორცხობილას კარაქით და ჯემით.
me vch'am ortskhobilas k'arakit da jemit.

15 [fifteen]

Fruits and food

15 [თხუთმეტი]
15 [tkhutmet'i]

ხილი და სურსათი
khili da sursati

I am eating a sandwich.	მე ვჭამ სენდვიჩს. me vch'am sendvichs.
I am eating a sandwich with margarine.	მე ვჭამ სენდვიჩს მარგარინით. me vch'am sendvichs margarinit.
I am eating a sandwich with margarine and tomatoes.	მე ვჭამ სენდვიჩს მარგარინით და პომიდორით. me vch'am sendvichs margarinit da p'omidorit.
We need bread and rice.	ჩვენ პური და ბრინჯი გვჭირდება. chven p'uri da brinji gvch'irdeba.
We need fish and steaks.	ჩვენ თევზი და სტეიკი გვჭირდება. chven tevzi da st'eik'i gvch'irdeba.
We need pizza and spaghetti.	ჩვენ პიცა და სპაგეტი გვჭირდება. chven p'itsa da sp'aget'i gvch'irdeba.
What else do we need?	კიდევ რა გვჭირდება? k'idev ra gvch'irdeba?
We need carrots and tomatoes for the soup.	ჩვენ სუპისთვის სტაფილო და პომიდორი გვჭირდება. chven sup'istvis st'apilo da p'omidori gvch'irdeba.
Where is the supermarket?	სად არის სუპერმარკეტი? sad aris sup'ermark'et'i?

16 [sixteen]

Seasons and Weather

16 [თექვსმეტი]
16 [tekvsmet'i]

წელიწადის დროები და ამინდი

ts'elits'adis droebi da amindi

These are the seasons:
ეს არის წელიწადის დროები:
es aris ts'elits'adis droebi:

Spring, summer,
გაზაფხული, ზაფხული,
gazapkhuli, zapkhuli,

autumn / fall (am.) and winter.
შემოდგომა, ზამთარი.
shemodgoma, zamtari.

The summer is warm.
ზაფხულში ცხელა.
zapkhulshi tskhela.

The sun shines in summer.
ზაფხულში მზე ანათებს.
zapkhulshi mze anatebs.

We like to go for a walk in summer.
ზაფხულში სასეირნოდ მივდივართ.
zapkhulshi saseirnod mivdivart.

The winter is cold.
ზამთარი ცივია.
zamtari tsivia.

It snows or rains in winter.
ზამთარში თოვს ან წვიმს.
zamtarshi tovs an ts'vims.

We like to stay home in winter.
ზამთარში სახლში ყოფნა გვიყვარს.
zamtarshi sakhlshi qopna gviqvars.

16 [sixteen]

Seasons and Weather

16 [თექვსმეტი]
16 [tekvsmet'i]

წელიწადის დროები და ამინდი
ts'elits'adis droebi da amindi

It is cold.	ცივა. tsiva.
It is raining.	წვიმს. ts'vims.
It is windy.	ქარია. karia.
It is warm.	თბილა. tbila.
It is sunny.	მზიანი ამინდია. mziani amindia.
It is pleasant.	უღრუბლო ამინდია. ughrublo amindia.
What is the weather like today?	დღეს როგორი ამინდია? dghes rogori amindia?
It is cold today.	დღეს ცივა. dghes tsiva.
It is warm today.	დღეს თბილა. dghes tbila.

17 [seventeen]

Around the house

17 [ჩვიდმეტი]
17 [chvidmet'i]

სახლში
sakhlshi

Our house is here. | აქ არის ჩვენი სახლი.
ak aris chveni sakhli.

The roof is on top. | ზემოთ სახურავია.
zemot sakhuravia.

The basement is below. | ქვემოთ სარდაფია.
kvemot sardapia.

There is a garden behind the house. | სახლის უკან ბაღია.
sakhlis uk'an baghia.

There is no street in front of the house. | სახლის წინ არ არის ქუჩა.
sakhlis ts'in ar aris kucha.

There are trees next to the house. | სახლის გვერდზე ხეებია.
sakhlis gverdze kheebia.

My apartment is here. | აქ ჩემი ბინაა.
ak chemi binaa.

The kitchen and bathroom are here. | აქ არის სამზარეულო და აბაზანა.
ak aris samzareulo da abazana.

The living room and bedroom are there. | იქ არის მისაღები და საძინებელი ოთახი.
ik aris misaghebi da sadzinebeli otakhi.

17 [seventeen]

17 [ჩვიდმეტი]
17 [chvidmet'i]

Around the house

სახლში
sakhlshi

The front door is closed.	სახლის კარი დაკეტილია. sakhlis k'ari dak'et'ilia.
But the windows are open.	მაგრამ ფანჯრები ღიაა. magram panjrebi ghiaa.
It is hot today.	დღეს ცხელა. dghes tskhela.
We are going to the living room.	ჩვენ სასტუმრო ოთახში მივდივათ. chven sast'umro otakhshi mivdivat.
There is a sofa and an armchair there.	იქ არის დივანი და სავარძელი. ik aris divani da savardzeli.
Please, sit down!	დაბრძანდით! dabrdzandit!
My computer is there.	იქ ჩემი კომპიუტერი დგას. ik chemi k'omp'iut'eri dgas.
My stereo is there.	იქ ჩემი სტერეომოწყობილობა დგას. ik chemi st'ereomots'qobiloba dgas.
The TV set is brand new.	ტელევიზორი სულ ახალია. t'elevizori sul akhalia.

18 [eighteen]

House cleaning

18 [თვრამეტი]
18 [tvramet'i]

სახლის დალაგება
sakhlis dalageba

Today is Saturday.	დღეს შაბათია. dghes shabatia.
We have time today.	დღეს დრო გვაქვს. dghes dro gvakvs.
We are cleaning the apartment today.	დღეს ბინას ვალაგებთ. dghes binas valagebt.
I am cleaning the bathroom.	მე ვწმენდ აბაზანას. me vts'mend abazanas.
My husband is washing the car.	ჩემი ქმარი რეცხავს მანქანას. chemi kmari retskhavs mankanas.
The children are cleaning the bicycles.	ბავშვები წმენდენ ველოსიპედებს. bavshvebi ts'menden velosip'edebs.
Grandma is watering the flowers.	ბებია რწყავს ყვავილებს. bebia rts'qavs qvavilebs.
The children are cleaning up the children's room.	ბავშვები საბავშვო ოთახს ალაგებენ. bavshvebi sabavshvo otakhs alageben.
My husband is tidying up his desk.	ჩემი ქმარი თავის საწერ მაგიდას ალაგებს. chemi kmari tavis sats'er magidas alagebs.

18 [eighteen]

House cleaning

18 [თვრამეტი]
18 [tvramet'i]

სახლის დალაგება
sakhlis dalageba

I am putting the laundry in the washing machine.	მე ვდებ სარეცხს სარეცხ მანქანაში. me vdeb saretskhs saretskh mankanashi.
I am hanging up the laundry.	მე ვფენ თეთრეულს. me vpen tetreuls.
I am ironing the clothes.	მე ვაუთოებ თეთრეულს. me vautoeb tetreuls.
The windows are dirty.	ფანჯრები ჭუჭყიანია. panjrebi ch'uch'qiania.
The floor is dirty.	იატაკი ჭუჭყიანია. iat'ak'i ch'uch'qiania.
The dishes are dirty.	ჭურჭელი ჭუჭყიანია. ch'urch'eli ch'uch'qiania.
Who washes the windows?	ვინ წმენდს ფანჯრებს? vin ts'mends panjrebs?
Who does the vacuuming?	ვინ იღებს მტვერს მტვერსასრუტით? vin ighebs mt'vers mt'versasrut'it?
Who does the dishes?	ვინ რეცხავს ჭურჭელს? vin retskhavs ch'urch'els?

19 [nineteen]

In the kitchen

19 [ცხრამეტი]
19 [tskhramet'i]

სამზარეულოში

samzareuloshi

Do you have a new kitchen?	შენ ახალი სამზარეულო გაქვს? shen akhali samzareulo gakvs?
What do you want to cook today?	რისი მომზადება გინდა დღეს? risi momzadeba ginda dghes?
Do you cook on an electric or a gas stove?	ელექტროღუმელზე ამზადებ თუ გაზზე? elekt'roghumelze amzadeb tu gazze?
Shall I cut the onions?	დავჭრა ხახვი? davch'ra khakhvi?
Shall I peel the potatoes?	გავთალო კარტოფილი? gavtalo k'art'opili?
Shall I rinse the lettuce?	გავრეცხო სალათა? gavretskho salata?
Where are the glasses?	სად არის ჭიქები? sad aris ch'ikebi?
Where are the dishes?	სად არის ჭურჭელი? sad aris ch'urch'eli?
Where is the cutlery / silverware (am.)?	სად არის დანა-ჩანგალი? sad aris dana-changali?

19 [nineteen]

In the kitchen

19 [ცხრამეტი]
19 [tskhramet'i]

სამზარეულოში
samzareuloshi

Do you have a tin opener / can opener (am.)?	გაქვს კონსერვის გასახსნელი? gakvs k'onservis gasakhsneli?
Do you have a bottle opener?	გაქვს ბოთლის გასახსნელი? gakvs botlis gasakhsneli?
Do you have a corkscrew?	გაქვს საცობის ხრახნი? gakvs satsobis khrakhni?
Are you cooking the soup in this pot?	სუფს ამ ქვაბში ამზადებ? sups am kvabshi amzadeb?
Are you frying the fish in this pan?	თევზს ამ ტაფაზე წვავ? tevzs am t'apaze ts'vav?
Are you grilling the vegetables on this grill?	ბოსტნეულს ამ მაყალზე წვავ? bost'neuls am maqalze ts'vav?
I am setting the table.	მე სუფრას ვშლი. me supras vshli.
Here are the knives, the forks and the spoons.	აქ არის დანები, ჩანგლები და კოვზები. ak aris danebi, changlebi da k'ovzebi.
Here are the glasses, the plates and the napkins.	აქ არის ჭიქები, თეფშები და ხელსახოცები. ak aris ch'ikebi, tepshebi da khelsakhotsebi.

20 [twenty]

Small Talk 1

20 [ოცი]
20 [otsi]

პატარა დიალოგი 1
p'at'ara dialogi 1

Make yourself comfortable!	მყუდროდ მოეწყვეთ! mqudrod moets'qvet!
Please, feel right at home!	თავი ისე იგრძენით, როგორც სახლში! tavi ise igrdzenit, rogorts sakhlshi!
What would you like to drink?	რას დალევთ? ras dalevt?
Do you like music?	გიყვართ მუსიკა? giqvart musik'a?
I like classical music.	მე მიყვარს კლასიკური მუსიკა. me miqvars k'lasik'uri musik'a.
These are my CD’s.	აი, ჩემი დისკები. ai, chemi disk'ebi.
Do you play a musical instrument?	უკრავთ რომელიმე ინსტრუმენტზე? uk'ravt romelime inst'rument'ze?
This is my guitar.	აი, ჩემი გიტარა. ai, chemi git'ara.
Do you like to sing?	გიყვართ სიმღერა? giqvart simghera?

20 [twenty]

Small Talk 1

20 [ოცი]
20 [otsi]

პატარა
დიალოგი 1
p'at'ara dialogi 1

Do you have children?	ბავშვები თუ გყავთ? bavshvebi tu gqavt?
Do you have a dog?	ძაღლი თუ გყავთ? dzaghli tu gqavt?
Do you have a cat?	კატა თუ გყავთ? k'at'a tu gqavt?
These are my books.	აი, ჩემი წიგნები. ai, chemi ts'ignebi.
I am currently reading this book.	ამჟამად ამ წიგნს ვკითხულობ. amzhamad am ts'igns vk'itkhulob.
What do you like to read?	რისი კითხვა გიყვართ? risi k'itkhva giqvart?
Do you like to go to concerts?	გიყვართ კონცერტზე სიარული? giqvart k'ontsert'ze siaruli?
Do you like to go to the theatre / theater (am.)?	გიყვართ თეატრში სიარული? giqvart teat'rshi siaruli?
Do you like to go to the opera?	გიყვართ ოპერაში სიარული? giqvart op'erashi siaruli?

21 [twenty-one]

Small Talk 2

21 [ოცდაერთი]

21 [otsdaerti]

პატარა დიალოგი 2

p'at'ara dialogi 2

Where do you come from?	სადაური ხართ?	sadauri khart?
From Basel.	ბაზელიდან.	bazelidan.
Basel is in Switzerland.	ბაზელი შვეიცარიაშია.	bazeli shveitsariashia.
May I introduce Mr. Miller?	შეიძლება ბატონი მიულერი წარმოგიდგინოთ?	sheidzleba bat'oni miuleri ts'armogidginot?
He is a foreigner.	ის უცხოელია.	is utskhoelia.
He speaks several languages.	ის რამდენიმე ენას ფლობს.	is ramdenime enas plobs.
Are you here for the first time?	აქ პირველად ხართ?	ak p'irvelad khart?
No, I was here once last year.	არა, აქ შარშან უკვე ვიყავი.	ara, ak sharshan uk've viqavi.
Only for a week, though.	მაგრამ მხოლოდ ერთი კვირით.	magram mkholod erti k'virit.

21 [twenty-one]

Small Talk 2

21 [ოცდაერთი]
21 [otsdaerti]

პატარა დიალოგი 2
p'at'ara dialogi 2

How do you like it here?	როგორ მოგწონთ ჩვენთან? rogor mogts'ont chventan?
A lot. The people are nice.	ძალიან. აქ ძალიან სასიამოვნო ხალხია. dzalian. ak dzalian sasiamovno khalkhia.
And I like the scenery, too.	და ბუნებაც მომწონს. da bunebats momts'ons.
What is your profession?	რა პროფესიის ხართ? ra p'ropesiis khart?
I am a translator.	მე თარჯიმანი ვარ. me tarjimani var.
I translate books.	მე წიგნებს ვთარგმნი. me ts'ignebs vtargmni.
Are you alone here?	თქვენ აქ მარტო ხართ? tkven ak mart'o khart?
No, my wife / my husband is also here.	არა, ჩემი ცოლიც / ჩემი ქმარიც აქ არის. ara, chemi tsolits / chemi kmarits ak aris.
And those are my two children.	იქ კი ჩემი ორივე შვილია. ik k'i chemi orive shvilia.

22 [twenty-two]

Small Talk 3

22 [ოცდაორი]
22 [otsdaori]

პატარა დიალოგი 3
p'at'ara dialogi 3

Do you smoke?	ეწევით? ets'evit?
I used to.	ადრე ვეწეოდი. adre vets'eodi.
But I don’t smoke anymore.	მაგრამ ახლა აღარ ვეწევი. magram akhla aghar vets'evi.
Does it disturb you if I smoke?	გაწუხებთ, რომ ვეწევი? gats'ukhebt, rom vets'evi?
No, absolutely not.	საერთოდ არა. saertod ara.
It doesn’t disturb me.	არ მაწუხებს. ar mats'ukhebs.
Will you drink something?	დალევთ რამეს? dalevt rames?
A brandy?	კონიაკს? k'oniak's?
No, preferably a beer.	არა, ლუდი მირჩევნია. ara, ludi mirchevnia.

22 [twenty-two]

Small Talk 3

22 [ოცდაორი]
22 [otsdaori]

პატარა დიალოგი 3
p'at'ara dialogi 3

Do you travel a lot?	ბევრს მოგზაურობთ? bevrs mogzaurobt?
Yes, mostly on business trips.	დიახ, ხშირად მაქვს მივლინებები. diakh, khshirad makvs mivlinebebi.
But now we're on holiday.	მაგრამ ახლა აქ შვებულება გვაქვს. magram akhla ak shvebuleba gvakvs.
It's so hot!	რა სიცხეა! ra sitskhea!
Yes, today it's really hot.	დიახ, დღეს ნამდვილად ცხელა. diakh, dghes namdvilad tskhela.
Let's go to the balcony.	გავიდეთ აივანზე? gavidet aivanze?
There's a party here tomorrow.	ხვალ აქ ზეიმი იქნება. khval ak zeimi ikneba.
Are you also coming?	თქვენც მოხვალთ? tkvents mokhvalt?
Yes, we've also been invited.	დიახ, ჩვენც დაგვპატიჟეს. diakh, chvents dagvp'at'izhes.

23 [twenty-three]

Learning foreign languages

23 [ოცდასამი]
23 [otsdasami]

უცხო ენების სწავლა
utskho enebis sts'avla

Where did you learn Spanish?	სად ისწავლეთ ესპანური? sad ists'avlet esp'anuri?
Can you also speak Portuguese?	პორტუგალიურიც იცით? p'ort'ugaliurits itsit?
Yes, and I also speak some Italian.	დიახ, და ცოტა იტალიურსაც ვფლობ. diakh, da tsot'a it'aliursats vplob.
I think you speak very well.	მე ვფიქრობ, თქვენ ძალიან კარგად ლაპარაკობთ. me vpikrob, tkven dzalian k'argad lap'arak'obt.
The languages are quite similar.	ეს ენები საკმაოდ ჰგავს ერთმანეთს. es enebi sak'maod hgavs ertmanets.
I can understand them well.	ისინი მე კარგად მესმის. isini me k'argad mesmis.
But speaking and writing is difficult.	მაგრამ ლაპარაკი და წერა ძნელია. magram lap'arak'i da ts'era dznelia.
I still make many mistakes.	მე ჯერ კიდევ ბევრ შეცდომას ვუშვებ. me jer k'idev bevr shetsdomas vushveb.
Please correct me each time.	თუ შეიძლება, ყოველთვის შემისწორეთ. tu sheidzleba, qoveltvis shemists'oret.

Learning foreign languages

უცხო ენების სწავლა
utskho enebis sts'avla

Your pronunciation is very good.	თქვენ ძალიან კარგი გამოთქმა გაქვთ. tkven dzalian k'argi gamotkma gakvt.
You only have a slight accent.	თქვენ ცოტა აქცენტი გაქვთ. tkven tsot'a aktsent'i gakvt.
One can tell where you come from.	ნათელია, სადაურიც ხართ. natelia, sadaurits khart.
What is your mother tongue / native language (am.)?	რომელია თქვენი მშობლიური ენა? romelia tkveni mshobliuri ena?
Are you taking a language course?	ენის კურსზე დადიხართ? enis k'ursze dadikhart?
Which textbook are you using?	რომელი სახელმძღვანელოთი სარგებლობთ? romeli sakhelmdzghvaneloti sargeblobt?
I don't remember the name right now.	ახლა არ მახსოვს რა ჰქვია. akhla ar makhsovs ra hkvia.
The title is not coming to me.	სათაური არ მახსენდება. satauri ar makhsendeba.
I've forgotten it.	დამავიწყდა. damavits'qda.

Appointment

შეთანხმება
shetankhmeba

Did you miss the bus?	ავტობუსზე ხომ არ დაგაგვიანდა? avt'obusze khom ar dagagvianda?
I waited for you for half an hour.	მე შენ ნახევარი საათი გელოდე. me shen nakhevari saati gelode.
Don't you have a mobile / cell phone (am.) with you?	მობილური თან არ გაქვს? mobiluri tan ar gakvs?
Be punctual next time!	გთხოვ მომავალში არ დაიგვიანო! gtkhov momavalshi ar daigviano!
Take a taxi next time!	შემდეგში ტაქსით წამოდი! shemdegshi t'aksit ts'amodi!
Take an umbrella with you next time!	შემდეგში ქოლგა წამოიღე! shemdegshi kolga ts'amoighe!
I have the day off tomorrow.	ხვალ თავისუფალი დღე მაქვს. khval tavisupali dghe makvs.
Shall we meet tomorrow?	ხვალ ხომ არ შევხვდეთ? khval khom ar shevkhvdet?
I'm sorry, I can't make it tomorrow.	ვწუხვარ, ხვალ არ შემიძლია. vts'ukhvar, khval ar shemidzlia.

Appointment

შეთანხმება
shetankhmeba

Do you already have plans for this weekend?	ამ შაბათ-კვირას უკვე დაგეგემე რამე? am shabat-k'viras uk've dagegeme rame?
Or do you already have an appointment?	უკვე შეთანხმებული ხარ? uk've shetankhmebuli khar?
I suggest that we meet on the weekend.	მე გთავაზობ, რომ შაბათ-კვირას შევხვდეთ. me gtavazob, rom shabat-k'viras shevkhvdet.
Shall we have a picnic?	პიკნიკი ხომ არ მოვაწყოთ? p'ik'nik'i khom ar movats'qot?
Shall we go to the beach?	სანაპიროზე ხომ არ წავიდეთ? sanap'iroze khom ar ts'avidet?
Shall we go to the mountains?	მთაში ხომ არ წავიდეთ? mtashi khom ar ts'avidet?
I will pick you up at the office.	ოფისში გამოგივლი. opisshi gamogivli.
I will pick you up at home.	სახლში გამოგივლი. sakhlshi gamogivli.
I will pick you up at the bus stop.	ავტობუსის გაჩერებაზე გამოგივლი. avt'obusis gacherebaze gamogivli.

25 [twenty-five]

In the city

25 [ოცდახუთი]
25 [otsdakhuti]

ქალაქში
kalakshi

I would like to go to the station.	სადგურზე მინდა. sadgurze minda.
I would like to go to the airport.	აეროპორტში მინდა. aerop'ort'shi minda.
I would like to go to the city centre / center (am.).	ქალაქის ცენტრში მინდა. kalakis tsent'rshi minda.
How do I get to the station?	როგორ მივიდე სადგურამდე? rogor mivide sadguramde?
How do I get to the airport?	როგორ მივიდე აეროპორტამდე? rogor mivide aerop'ort'amde?
How do I get to the city centre / center (am.)?	როგორ მივიდე ქალაქის ცენტრამდე? rogor mivide kalakis tsent'ramde?
I need a taxi.	ტაქსი მჭირდება. t'aksi mch'irdeba.
I need a city map.	ქალაქის რუკა მჭირდება. kalakis ruk'a mch'irdeba.
I need a hotel.	სასტუმრო მჭირდება. sast'umro mch'irdeba.

25 [twenty-five]

25 [ოცდახუთი]
25 [otsdakhuti]

In the city

ქალაქში
kalakshi

I would like to rent a car.	მინდა მანქანა ვიქირავო. minda mankana vikiravo.
Here is my credit card.	აი, ჩემი საკრედიტო ბარათი. ai, chemi sak'redit'o barati.
Here is my licence / license (am.).	აი, ჩემი მართვის მოწმობა. ai, chemi martvis mots'moba.
What is there to see in the city?	რა არის ქალაქში სანახავი? ra aris kalakshi sanakhavi?
Go to the old city.	წადით ძველ ქალაქში! ts'adit dzvel kalakshi!
Go on a city tour.	მოაწყვეთ ექსკურსია ქალაქში! moats'qvet eksk'ursia kalakshi!
Go to the harbour / harbor (am.).	წადით ნავსადგურში! ts'adit navsadgurshi!
Go on a harbour / harbor (am.) tour.	მოაწყვეთ ექსკურსია ნავსადგურში! moats'qvet eksk'ursia navsadgurshi!
Are there any other places of interest?	კიდევ რა სანახაობებია? k'idev ra sanakhaobebia?

26 [twenty-six]

In nature

26 [ოცდაექვსი]
26 [otsdaekvsi]

ბუნებაში
bunebashi

Do you see the tower there?	ხედავ იქ კოშკს? khedav ik k'oshk's?
Do you see the mountain there?	ხედავ იქ მთას? khedav ik mtas?
Do you see the village there?	ხედავ იქ სოფელს? khedav ik sopels?
Do you see the river there?	ხედავ იქ მდინარეს? khedav ik mdinares?
Do you see the bridge there?	ხედავ იქ ხიდს? khedav ik khids?
Do you see the lake there?	ხედავ იქ ტბას? khedav ik t'bas?
I like that bird.	ის ჩიტი მომწონს. is chit'i momts'ons.
I like that tree.	ის ხე მომწონს. is khe momts'ons.
I like this stone.	ეს ქვა მომწონს. es kva momts'ons.

26 [twenty-six]

In nature

26 [ოცდაექვსი]
26 [otsdaekvsi]

ბუნებაში
bunebashi

I like that park.	ის პარკი მომწონს. is p'ark'i momts'ons.
I like that garden.	ის ბაღი მომწონს. is baghi momts'ons.
I like this flower.	ეს ყვავილი მომწონს. es qvavili momts'ons.
I find that pretty.	ვფიქრობ, ეს მშვენიერია. vpikrob, es mshvenieria.
I find that interesting.	ვფიქრობ, ეს საინტერესოა. vpikrob, es saint'eresoa.
I find that gorgeous.	ვფიქრობ, ეს ძალიან ლამაზია. vpikrob, es dzalian lamazia.
I find that ugly.	ვფიქრობ, ეს უშნოა. vpikrob, es ushnoa.
I find that boring.	ვფიქრობ, ეს მოსაწყენია. vpikrob, es mosats'qenia.
I find that terrible.	ვფიქრობ, ეს საშინელია. vpikrob, es sashinelia.

27 [twenty-seven]

In the hotel – Arrival

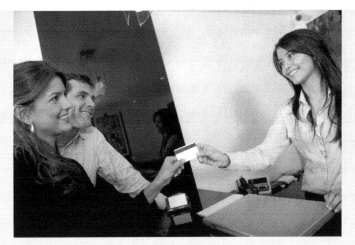

27 [ოცდაშვიდი]
27 [otsdashvidi]

სასტუმროში – ჩამოსვლა
sast'umroshi – chamosvla

Do you have a vacant room?	თავისუფალი ოთახი ხომ არ გაქვთ? tavisupali otakhi khom ar gakvt?
I have booked a room.	ოთახი მაქვს დაჯავშნული. otakhi makvs dajavshnuli.
My name is Miller.	ჩემი გვარია მიულერი. chemi gvaria miuleri.
I need a single room.	ერთადგილიანი ოთახი მჭირდება. ertadgiliani otakhi mch'irdeba.
I need a double room.	ორადგილიანი ოთახი მჭირდება. oradgiliani otakhi mch'irdeba.
What does the room cost per night?	რა ღირს ოთახი ერთი ღამით? ra ghirs otakhi erti ghamit?
I would like a room with a bathroom.	ოთახი მინდა აბაზანით. otakhi minda abazanit.
I would like a room with a shower.	ოთახი მინდა შხაპით. otakhi minda shkhap'it.
Can I see the room?	შეიძლება ოთახი ვნახო? sheidzleba otakhi vnakho?

27 [twenty-seven]

In the hotel – Arrival

27 [ოცდაშვიდი]
27 [otsdashvidi]

სასტუმროში – ჩამოსვლა
sast'umroshi – chamosvla

Is there a garage here?	არის აქ ავტოსადგომი? aris ak avt'osadgomi?
Is there a safe here?	არის აქ სეიფი? aris ak seipi?
Is there a fax machine here?	არის აქ ფაქსი? aris ak paksi?
Fine, I'll take the room.	კარგით, ავიღებ ამ ოთახს. k'argit, avigheb am otakhs.
Here are the keys.	აი, გასაღები. ai, gasaghebi.
Here is my luggage.	აი, ჩემი ბარგი. ai, chemi bargi.
What time do you serve breakfast?	რომელ საათზეა საუზმე? romel saatzea sauzme?
What time do you serve lunch?	რომელ საათზეა სადილი? romel saatzea sadili?
What time do you serve dinner?	რომელ საათზეა ვახშამი? romel saatzea vakhshami?

28 [twenty-eight]

28 [ოცდარვა]
28 [otsdarva]

In the hotel – Complaints

სასტუმროში – საჩივარი
sast'umroshi – sachivari

The shower isn't working.
შხაპი არ მუშაობს.
shkhap'i ar mushaobs.

There is no warm water.
თბილი წყალი არ მოდის.
tbili ts'qali ar modis.

Can you get it repaired?
შეგიძლიათ შეაკეთებინოთ?
shegidzliat sheak'etebinot?

There is no telephone in the room.
ოთახში ტელეფონი არ არის.
otakhshi t'eleponi ar aris.

There is no TV in the room.
ოთახში ტელევიზორი არ არის.
otakhshi t'elevizori ar aris.

The room has no balcony.
ოთახს აივანი არ აქვს.
otakhs aivani ar akvs.

The room is too noisy.
ოთახი ძალიან ხმაურიანია.
otakhi dzalian khmauriania.

The room is too small.
ოთახი ძალიან პატარაა.
otakhi dzalian p'at'araa.

The room is too dark.
ოთახი ძალიან ბნელია.
otakhi dzalian bnelia.

28 [twenty-eight]

In the hotel – Complaints

28 [ოცდარვა]
28 [otsdarva]

სასტუმროში – საჩივარი
sast'umroshi – sachivari

The heater isn't working.	გათბობა არ მუშაობს. gatboba ar mushaobs.
The air-conditioning isn't working.	კონდიციონერი არ მუშაობს. k'onditsioneri ar mushaobs.
The TV isn't working.	ტელევიზორი გაფუჭებულია. t'elevizori gapuch'ebulia.
I don't like that.	ეს არ მომწონს. es ar momts'ons.
That's too expensive.	ეს ჩემთვის ძალიან ძვირია. es chemtvis dzalian dzviria.
Do you have anything cheaper?	გაქვთ რამე უფრო იაფი? gakvt rame upro iapi?
Is there a youth hostel nearby?	არის აქ სადმე ახლოს ახალგაზრდული სასტუმრო? aris ak sadme akhlos akhalgazrduli sast'umro?
Is there a boarding house / a bed and breakfast nearby?	არის აქ სადმე ახლოს პანსიონატი? aris ak sadme akhlos p'ansionat'i?
Is there a restaurant nearby?	არის აქ სადმე ახლოს რესტორანი? aris ak sadme akhlos rest'orani?

29 [twenty-nine]

At the restaurant 1

29 [ოცდაცხრა]
29 [otsdatskhra]

რესტორანში 1
rest'oranshi 1

Is this table taken? — მაგიდა თავისუფალია?
magida tavisupalia?

I would like the menu, please. — მენიუ მინდა, თუ შეიძლება.
meniu minda, tu sheidzleba.

What would you recommend? — რას მირჩევთ?
ras mirchevt?

I'd like a beer. — ერთი ლუდი, თუ შეიძლება.
erti ludi, tu sheidzleba.

I'd like a mineral water. — ერთი მინერალურ წყალი, თუ შეიძლება.
erti mineralur ts'qali, tu sheidzleba.

I'd like an orange juice. — ერთი ფორთოხლის წვენი, თუ შეიძლება.
erti portokhlis ts'veni, tu sheidzleba.

I'd like a coffee. — ერთი ყავა, თუ შეიძლება.
erti qava, tu sheidzleba.

I'd like a coffee with milk. — რძიან ყავას დავლევდი.
rdzian qavas davlevdi.

With sugar, please. — შაქრით, თუ შეიძლება!
shakrit, tu sheidzleba!

I'd like a tea.	ერთი ჩაი, თუ შეიძლება. erti chai, tu sheidzleba.
I'd like a tea with lemon.	მე მინდა ჩაი ლიმონით. me minda chai limonit.
I'd like a tea with milk.	მე მინდა ჩაი რძით. me minda chai rdzit.
Do you have cigarettes?	სიგარეტი ხომ არ გაქვთ? sigaret'i khom ar gakvt?
Do you have an ashtray?	გაქვთ საფერფლე? gakvt saperple?
Do you have a light?	გაქვთ ცეცხლი? gakvt tsetskhli?
I'm missing a fork.	მე არ მაქვს ჩანგალი. me ar makvs changali.
I'm missing a knife.	მე არ მაქვს დანა. me ar makvs dana.
I'm missing a spoon.	მე არ მაქვს კოვზი. me ar makvs k'ovzi.

30 [thirty]

At the restaurant
2

30 [ოცდაათი]
30 [otsdaati]

რესტორანში 2
rest'oranshi 2

An apple juice, please.	ვაშლის წვენი, თუ შეიძლება.
	vashlis ts'veni, tu sheidzleba.
A lemonade, please.	ლიმონათი, თუ შეიძლება.
	limonati, tu sheidzleba.
A tomato juice, please.	პომიდორის წვენი, თუ შეიძლება.
	p'omidoris ts'veni, tu sheidzleba.
I'd like a glass of red wine.	ერთ ჭიქა წითელ ღვინოს დავლევდი.
	ert ch'ika ts'itel ghvinos davlevdi.
I'd like a glass of white wine.	ერთ ჭიქა თეთრ ღვინოს დავლევდი.
	ert ch'ika tetr ghvinos davlevdi.
I'd like a bottle of champagne.	ერთ ბოთლ შამპანურს დავლევდი.
	ert botl shamp'anurs davlevdi.
Do you like fish?	გიყვარს თევზი?
	giqvars tevzi?
Do you like beef?	გიყვარს საქონლის ხორცი?
	giqvars sakonlis khortsi?
Do you like pork?	გიყვარს ღორის ხორცი?
	giqvars ghoris khortsi?

I'd like something without meat.	მე მინდა რამე ხორცის გარეშე. me minda rame khortsis gareshe.
I'd like some mixed vegetables.	მე მინდა ბოსტნეულის კერძი. me minda bost'neulis k'erdzi.
I'd like something that won't take much time.	მე მინდა რამე, რაც სწრაფად მზადდება. me minda rame, rats sts'rapad mzaddeba.
Would you like that with rice?	ბრინჯით გნებავთ? brinjit gnebavt?
Would you like that with pasta?	მაკარონით გნებავთ? mak'aronit gnebavt?
Would you like that with potatoes?	კარტოფილით გნებავთ? k'art'opilit gnebavt?
That doesn't taste good.	ეს არ მომწონს. es ar momts'ons.
The food is cold.	კერძი ცივია. k'erdzi tsivia.
I didn't order this.	ეს არ შემიკვეთავს. es ar shemik'vetavs.

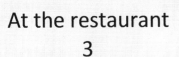

31 [thirty-one]

At the restaurant 3

31
[ოცდათერთმეტი
]
31 [otsdatertmet'i]

რესტორანში 3

rest'oranshi 3

I would like a starter.	ცივი კერძი მსურს. tsivi k'erdzi msurs.
I would like a salad.	სალათა მსურს. salata msurs.
I would like a soup.	სუპი მსურს. sup'i msurs.
I would like a dessert.	დესერტი მინდა. desert'i minda.
I would like an ice cream with whipped cream.	ნაყინი მინდა ნაღებით. naqini minda naghebit.
I would like some fruit or cheese.	მე მინდა ხილი ან ყველი. me minda khili an qveli.
We would like to have breakfast.	ჩვენ საუზმე გვინდა. chven sauzme gvinda.
We would like to have lunch.	ჩვენ სადილი გვინდა. chven sadili gvinda.
We would like to have dinner.	ჩვენ ვახშამი გვინდა. chven vakhshami gvinda.

31 [thirty-one]

At the restaurant
3

31
[ოცდათერთმეტი]
31 [otsdatertmet'i]

რესტორანში 3
rest'oranshi 3

What would you like for breakfast?	რას ისურვებთ საუზმეზე? ras isurvebt sauzmeze?
Rolls with jam and honey?	ფუნთუშას ჯემით და თაფლით? puntushas jemit da taplit?
Toast with sausage and cheese?	ორცხობილას ძეხვით და ყველით? ortskhobilas dzekhvit da qvelit?
A boiled egg?	მოხარშული კვერცხი? mokharshuli k'vertskhi?
A fried egg?	ერბო კვერცხი? erbo k'vertskhi?
An omelette?	ომლეტი? omlet'i?
Another yoghurt, please.	თუ შეიძლება, კიდევ ერთი იოგურტი. tu sheidzleba, k'idev erti iogurt'i.
Some salt and pepper also, please.	თუ შეიძლება, კიდევ მარილი და პილპილი. tu sheidzleba, k'idev marili da p'ilp'ili.
Another glass of water, please.	თუ შეიძლება, კიდევ ერთი ჭიქა წყალი. tu sheidzleba, k'idev erti ch'ika ts'qali.

32 [thirty-two]

At the restaurant 4

32 [ოცდათორმეტი]
32 [otsdatormet'i]

რესტორანში 4
rest'oranshi 4

I'd like chips / French fries (am.) with ketchup.	ერთი კარტოფილი (ფრი) კეჩუპით. erti k'art'opili (pri) k'echup'it.
And two with mayonnaise.	და ორჯერ – მაიონეზით. da orjer – maionezit.
And three sausages with mustard.	სამი შემწვარი სოსისი მდოგვით. sami shemts'vari sosisi mdogvit.
What vegetables do you have?	რა ბოსტნეული გაქვთ? ra bost'neuli gakvt?
Do you have beans?	ლობიო ხომ არ გაქვთ? lobio khom ar gakvt?
Do you have cauliflower?	ყვავილოვანი კომბოსტო ხომ არ გაქვთ? qvavilovani k'ombost'o khom ar gakvt?
I like to eat (sweet) corn.	მიყვარს სიმინდი. miqvars simindi.
I like to eat cucumber.	მიყვარს კიტრი. miqvars k'it'ri.
I like to eat tomatoes.	მიყვარს პომიდორი. miqvars p'omidori.

32 [thirty-two]

32
[ოცდათორმეტი]
32 [otsdatormet'i]

At the restaurant 4

რესტორანში 4

rest'oranshi 4

Do you also like to eat leek?
პრასიც გიყვართ?
p'rasits giqvart?

Do you also like to eat sauerkraut?
მჟავე კომბოსტოც გიყვართ?
mzhave k'ombost'ots giqvart?

Do you also like to eat lentils?
ოსპიც გიყვართ?
osp'its giqvart?

Do you also like to eat carrots?
სტაფილოც გიყვარს?
st'apilots giqvars?

Do you also like to eat broccoli?
ბროკოლიც გიყვარს?
brok'olits giqvars?

Do you also like to eat peppers?
წიწაკაც გიყვარს?
ts'its'ak'ats giqvars?

I don’t like onions.
არ მიყვარს ხახვი.
ar miqvars khakhvi.

I don’t like olives.
არ მიყვარს ზეთისხილი.
ar miqvars zetiskhili.

I don’t like mushrooms.
არ მიყვარს სოკო.
ar miqvars sok'o.

33 [thirty-three]

At the train station

33 [ოცდაცამეტი]
33 [otsdatsamet'i]

სადგურში
sadgurshi

When is the next train to Berlin?
როდის გადის შემდეგი მატარებელი ბერლინისკენ?
rodis gadis shemdegi mat'arebeli berlinisk'en?

When is the next train to Paris?
როდის გადის შემდეგი მატარებელი პარიზისკენ?
rodis gadis shemdegi mat'arebeli p'arizisk'en?

When is the next train to London?
როდის გადის შემდეგი მატარებელი ლონდონისკენ?
rodis gadis shemdegi mat'arebeli londonisk'en?

When does the train for Warsaw leave?
რომელ საათზე გადის მატარებელი ვარშავისკენ?
romel saatze gadis mat'arebeli varshavisk'en?

When does the train for Stockholm leave?
რომელ საათზე გადის მატარებელი სტოკჰოლმისკენ?
romel saatze gadis mat'arebeli st'ok'holmisk'en?

When does the train for Budapest leave?
რომელ საათზე გადის მატარებელი ბუდაპეშტისკენ?
romel saatze gadis mat'arebeli budap'esht'isk'en?

I’d like a ticket to Madrid.
ერთი ბილეთი მადრიდამდე, თუ შეიძლება.
erti bileti madridamde, tu sheidzleba.

I’d like a ticket to Prague.
ერთი ბილეთი პრაღამდე, თუ შეიძლება.
erti bileti p'raghamde, tu sheidzleba.

I’d like a ticket to Bern.
ერთი ბილეთი ბერნამდე, თუ შეიზლება.
erti bileti bernamde, tu sheizleba.

33 [thirty-three]

At the train station

33 [ოცდაცამეტი]
33 [otsdatsamet'i]

სადგურში
sadgurshi

When does the train arrive in Vienna?	როდის ჩადის მატარებელი ვენაში? rodis chadis mat'arebeli venashi?
When does the train arrive in Moscow?	როდის ჩადის მატარებელი მოსკოვში? rodis chadis mat'arebeli mosk'ovshi?
When does the train arrive in Amsterdam?	როდის ჩადის მატარებელი ამსტერდამში? rodis chadis mat'arebeli amst'erdamshi?
Do I have to change trains?	უნდა გადავჯდე? unda gadavjde?
From which platform does the train leave?	რომელი ბაქანიდან გადის მატარებელი? romeli bakanidan gadis mat'arebeli?
Does the train have sleepers?	არის მატარებელში საძინებელი ვაგონი? aris mat'arebelshi sadzinebeli vagoni?
I'd like a one-way ticket to Brussels.	მხოლოდ ბრიუსელამდე მინდა მგზავრობა. mkholod briuselamde minda mgzavroba.
I'd like a return ticket to Copenhagen.	კოპენჰაგენიდან დასაბრუნებელი ბილეთი მინდა. k'op'enhagenidan dasabrunebeli bileti minda.
What does a berth in the sleeper cost?	რა ღირს ერთი ადგილი საძინებელ ვაგონში? ra ghirs erti adgili sadzinebel vagonshi?

34 [thirty-four]

On the train

34 [ოცდათოთხმეტი]

34 [otsdatotkhmet'i]

მატარებელში

mat'arebelshi

Is that the train to Berlin?	ეს ბერლინის მატარებელია? es berlinis mat'arebelia?
When does the train leave?	როდის გადის მატარებელი? rodis gadis mat'arebeli?
When does the train arrive in Berlin?	როდის ჩადის მატარებელი ბერლინში? rodis chadis mat'arebeli berlinshi?
Excuse me, may I pass?	მაპატიეთ, შეიძლება გავიარო? map'at'iet, sheidzleba gaviaro?
I think this is my seat.	მგონი, ეს ჩემი ადგილია. mgoni, es chemi adgilia.
I think you’re sitting in my seat.	მგონი, თქვენ ჩემს ადგილზე ზიხართ. mgoni, tkven chems adgilze zikhart.
Where is the sleeper?	სად არის საძინებელი ვაგონი? sad aris sadzinebeli vagoni?
The sleeper is at the end of the train.	დასაძინებელი ვაგონი მატარებლის ბოლოშია. dasadzinebeli vagoni mat'areblis boloshia.
And where is the dining car? – At the front.	და სად არის სასადილო ვაგონი? – დასაწყისში. da sad aris sasadilo vagoni? – dasats'qisshi.

34 [thirty-four]

On the train

34 [ოცდათოთხმეტი]

34 [otsdatotkhmet'i]

მატარებელში

mat'arebelshi

Can I sleep below?	შეიძლება ქვემოთ დავიძინო? sheidzleba kvemot davidzino?
Can I sleep in the middle?	შეიძლება შუაში დავიძინო? sheidzleba shuashi davidzino?
Can I sleep at the top?	შეიძლება ზემოთ დავიძინო? sheidzleba zemot davidzino?
When will we get to the border?	როდის მივალთ საზღვართან? rodis mivalt sazghvartan?
How long does the journey to Berlin take?	რამდენ ხანს გრძელდება მგზავრობა ბერლინამდე? ramden khans grdzeldeba mgzavroba berlinamde?
Is the train delayed?	მატარებელი იგვიანებს? mat'arebeli igvianebs?
Do you have something to read?	გაქვთ რამე საკითხავი? gakvt rame sak'itkhavi?
Can one get something to eat and to drink here?	შეიძლება აქ რამე საჭმელის ან სასმელის ყიდვა? sheidzleba ak rame sach'melis an sasmelis qidva?
Could you please wake me up at 7 o’clock?	შეგიძლიათ 7.00 საათზე გამაღვიძოთ? shegidzliat 7.00 saatze gamaghvidzot?

35 [thirty-five]

At the airport

35
[ოცდათხუთმეტი
]
35 [otsdatkhutmet'i]

აეროპორტში

aerop'ort'shi

I'd like to book a flight to Athens.	მინდა დავჯავშნო ფრენა ათენში. minda davjavshno prena atenshi.
Is it a direct flight?	ეს პირდაპირი ფრენაა? es p'irdap'iri prenaa?
A window seat, non-smoking, please.	თუ შეიძლება ადგილი ფანჯარასთან, არამწეველთათვის. tu sheidzleba adgili panjarastan, aramts'eveltatvis.
I would like to confirm my reservation.	ჩემი ჯავშნის დადასტურება მსურს. chemi javshnis dadast'ureba msurs.
I would like to cancel my reservation.	ჩემი ჯავშნის გაუქმება მსურს. chemi javshnis gaukmeba msurs.
I would like to change my reservation.	ჩემი ჯავშნის შეცვლა მსურს. chemi javshnis shetsvla msurs.
When is the next flight to Rome?	როდის არის შემდეგი ფრენა რომში? rodis aris shemdegi prena romshi?
Are there two seats available?	არის კიდევ ორი ადგილი თავისუფალი? aris k'idev ori adgili tavisupali?
No, we have only one seat available.	არა, ჩვენ მხოლოდ ერთი ადგილი გვაქვს თავისუფალი. ara, chven mkholod erti adgili gvakvs tavisupali.

35 [thirty-five]

At the airport

35 [ოცდათხუთმეტი]

35 [otsdatkhutmet'i]

აეროპორტში

aerop'ort'shi

When do we land? — როდის დავეშვებით?
rodis daveshvebit?

When will we be there? — როდის ჩავალთ?
rodis chavalt?

When does a bus go to the city centre / center (am.)? — როდის გადის ავტობუსი ქალაქის ცენტრში?
rodis gadis avt'obusi kalakis tsent'rshi?

Is that your suitcase? — ეს თქვენი ჩემოდანია?
es tkveni chemodania?

Is that your bag? — ეს თქვენი ჩანთაა?
es tkveni chantaa?

Is that your luggage? — ეს თქვენი ბარგია?
es tkveni bargia?

How much luggage can I take? — რამდენი ბარგის წაღება შემიძლია?
ramdeni bargis ts'agheba shemidzlia?

Twenty kilos. — ოცი კილო.
otsi k'ilo.

What? Only twenty kilos? — როგორ, მხოლოდ ოცი კილო?
rogor, mkholod otsi k'ilo?

36 [thirty-six]

Public transportation

36 [ოცდათექვსმეტი]

36 [otsdatekvsmet'i]

საზოგადოებრივი ტრანსპორტი

sazogadoebrivi t'ransp'ort'i

Where is the bus stop?	სად არის ავტობუსის გაჩერება? sad aris avt'obusis gachereba?
Which bus goes to the city centre / center (am.)?	რომელი ავტობუსი მიდის ცენტრში? romeli avt'obusi midis tsent'rshi?
Which bus do I have to take?	რომელი ხაზით უნდა ვიმგზავრო? romeli khazit unda vimgzavro?
Do I have to change?	უნდა გადავჯდე? unda gadavjde?
Where do I have to change?	სად უნდა გადავჯდე? sad unda gadavjde?
How much does a ticket cost?	რა ღირს ერთი ბილეთი? ra ghirs erti bileti?
How many stops are there before downtown / the city centre?	რამდენი გაჩერებაა ცენტრამდე? ramdeni gacherebaa tsent'ramde?
You have to get off here.	აქ უნდა ჩაბრძანდეთ. ak unda chabrdzandet.
You have to get off at the back.	უკნიდან უნდა ჩაბრძანდეთ. uk'nidan unda chabrdzandet.

36 [thirty-six]

Public transportation

36 [ოცდათექვსმეტი]

36 [otsdatekvsmet'i]

საზოგადოებრივი ტრანსპორტი

sazogadoebrivi t'ransp'ort'i

The next train is in 5 minutes.	მეტროს შემდეგი მატარებელი 5 წუთში მოვა. met'ros shemdegi mat'arebeli 5 ts'utshi mova.
The next tram is in 10 minutes.	შემდეგი ტრამვაი 10 წუთში მოვა. shemdegi t'ramvai 10 ts'utshi mova.
The next bus is in 15 minutes.	შემდეგი ავტობუსი 15 წუთში მოვა. shemdegi avt'obusi 15 ts'utshi mova.
When is the last train?	როდის გადის მეტროს ბოლო მატარებელი? rodis gadis met'ros bolo mat'arebeli?
When is the last tram?	როდის გადის ბოლო ტრამვაი? rodis gadis bolo t'ramvai?
When is the last bus?	როდის გადის ბოლო ავტობუსი? rodis gadis bolo avt'obusi?
Do you have a ticket?	გაქვთ ბილეთი? gakvt bileti?
A ticket? – No, I don’t have one.	ბილეთი? -არა, არ მაქვს. bileti? -ara, ar makvs.
Then you have to pay a fine.	მაშინ ჯარიმა უნდა გადაიხადოთ! mashin jarima unda gadaikhadot!

37 [thirty-seven]

En route

37
[ოცდაჩვიდმეტი]
37 [otsdachvidmet'i]

გზაში
gzashi

He drives a motorbike.

ის მოტოციკლით მგზავრობს.
is mot'otsik'lit mgzavrobs.

He rides a bicycle.

ის ველოსიპედით დადის.
is velosip'edit dadis.

He walks.

ის ფეხით დადის.
is pekhit dadis.

He goes by ship.

ის გემით მგზავრობს.
is gemit mgzavrobs.

He goes by boat.

ის ნავით მგზავრობს.
is navit mgzavrobs.

He swims.

ის ცურავს.
is tsuravs.

Is it dangerous here?

აქ საშიშია?
ak sashishia?

Is it dangerous to hitchhike alone?

საშიშია მარტო ვინმეს დაემგზავრო?
sashishia mart'o vinmes daemgzavro?

Is it dangerous to go for a walk at night?

საშიშია ღამით სეირნობა?
sashishia ghamit seirnoba?

We got lost.	ჩვენ გზა აგვებნა. chven gza agvebna.
We're on the wrong road.	ჩვენ არასწორი გზით მივდივართ. chven arasts'ori gzit mivdivart.
We must turn around.	უნდა დავბრუნდეთ. unda davbrundet.
Where can one park here?	სად შეიძლება აქ მანქანის გაჩერება? sad sheidzleba ak mankanis gachereba?
Is there a parking lot here?	არის აქ ავტოსადგომი? aris ak avt'osadgomi?
How long can one park here?	რამდენ ხანს შეიძლება აქ გაჩერება? ramden khans sheidzleba ak gachereba?
Do you ski?	სრიალებთ თხილამურებით? srialebt tkhilamurebit?
Do you take the ski lift to the top?	ზემოთ საბაგიროთი ადიხართ? zemot sabagiroti adikhart?
Can one rent skis here?	შეიძლება აქ თხილამურების დაქირავება? sheidzleba ak tkhilamurebis dakiraveba?

38 [thirty-eight]

38
[ოცდათვრამეტი]
38 [otsdatvramet'i]

In the taxi

ტაქსში
t'aksshi

Please call a taxi. | გამოიძახეთ ტაქსი თუ შეიძელება.
gamoidzakhet t'aksi tu sheidzeleba.

What does it cost to go to the station? | რა ღირს სადგურამდე მისვლა?
ra ghirs sadguramde misvla?

What does it cost to go to the airport? | რა ღირს აეროპორტამდე მისვლა?
ra ghirs aerop'ort'amde misvla?

Please go straight ahead. | თუ შეიძლება – პირდაპირ.
tu sheidzleba – p'irdap'ir.

Please turn right here. | თუ შეიძლება, აქ მარჯვნივ.
tu sheidzleba, ak marjvniv.

Please turn left at the corner. | თუ შეიძლება, იქ კუთხეში მარცხნივ.
tu sheidzleba, ik k'utkheshi martskhniv.

I'm in a hurry. | მეჩქარება.
mechkareba.

I have time. | დრო მაქვს.
dro makvs.

Please drive slowly. | თუ შეიძლება, უფრო ნელა იარეთ!
tu sheidzleba, upro nela iaret!

38 [thirty-eight]

38

[ოცდათვრამეტი]

38 [otsdatvramet'i]

In the taxi

ტაქსში

t'aksshi

Please stop here.	აქ გაჩერდით, თუ შეიძლება. ak gacherdit, tu sheidzleba.
Please wait a moment.	დამელოდეთ ერთი წუთი, თუ შეიძლება. damelodet erti ts'uti, tu sheidzleba.
I'll be back immediately.	მალე დავბრუნდები. male davbrundebi.
Please give me a receipt.	თუ შეიძლება ქვითარი მომეცით. tu sheidzleba kvitari mometsit.
I have no change.	მე არ მაქვს ხურდა ფული. me ar makvs khurda puli.
That is okay, please keep the change.	მადლობა, ხურდა დაიტოვეთ! madloba, khurda dait'ovet!
Drive me to this address.	ამ მისამართზე წამიყვანეთ. am misamartze ts'amiqvanet.
Drive me to my hotel.	წამიყვანეთ ჩემს სასტუმროში. ts'amiqvanet chems sast'umroshi.
Drive me to the beach.	წამიყვანეთ პლაჟზე. ts'amiqvanet p'lazhze.

39 [thirty-nine]

39
[ოცდაცხრამეტი]
39 [otsdatskhramet'i]

Car breakdown

ავარია
avaria

Where is the next gas station?	სად არის უახლოესი ბენზინგასამართი სადგური? sad aris uakhloesi benzingasamarti sadguri?
I have a flat tyre / tire (am.).	საბურავი დამეშვა. saburavi dameshva.
Can you change the tyre / tire (am.)?	შეგიძლიათ საბურავი გამოცვალოთ? shegidzliat saburavi gamotsvalot?
I need a few litres / liters (am.) of diesel.	მჭირდება რამდენიმე ლიტრი დიზელი. mch'irdeba ramdenime lit'ri dizeli.
I have no more petrol / gas (am.).	ბენზინი აღარ მაქვს. benzini aghar makvs.
Do you have a petrol can / jerry can / gas can (am.)?	გაქვთ სათადარიგო კანისტრი? gakvt satadarigo k'anist'ri?
Where can I make a call?	საიდან შეიძლება დავრეკო? saidan sheidzleba davrek'o?
I need a towing service.	ევაკუატორი მჭირდება. evak'uat'ori mch'irdeba.
I'm looking for a garage.	ვულკანიზაციას ვეძებ. vulk'anizatsias vedzeb.

39 [thirty-nine]

Car breakdown

39

[ოცდაცხრამეტი]

39 [otsdatskhramet'i]

ავარია

avaria

An accident has occurred.	ავარია მოხდა. avaria mokhda.
Where is the nearest telephone?	სად არის უახლოესი ტელეფონი? sad aris uakhloesi t'eleponi?
Do you have a mobile / cell phone (am.) with you?	თან ხომ არ გაქვთ მობილური ტელეფონი? tan khom ar gakvt mobiluri t'eleponi?
We need help.	ჩვენ დახმარება გვჭირდება. chven dakhmareba gvch'irdeba.
Call a doctor!	გამოიძახეთ ექიმი! gamoidzakhet ekimi!
Call the police!	გამოიძახეთ პოლიცია! gamoidzakhet p'olitsia!
Your papers, please.	თქვენი საბუთები, თუ შეიძლება. tkveni sabutebi, tu sheidzleba.
Your licence / license (am.), please.	თქვენი მართვის მოწმობა, თუ შეიძლება. tkveni martvis mots'moba, tu sheidzleba.
Your registration, please.	თქვენი სატვირთო ავტომობილის მოწმობა, თუ შეიძლება. tkveni sat'virto avt'omobilis mots'moba, tu sheidzleba.

40 [forty]

Asking for directions

40 [ორმოცი]
40 [ormotsi]

გზის გაკვლევა
gzis gak'vleva

Excuse me!	მაპატიეთ! map'at'iet!
Can you help me?	შეგიძლიათ დამეხმაროთ? shegidzliat damekhmarot?
Is there a good restaurant around here?	სად არის აქ კარგი რესტორანი? sad aris ak k'argi rest'orani?
Take a left at the corner.	მიბრძანდით მარცხნივ, შესახვევში. mibrdzandit martskhniv, shesakhvevshi.
Then go straight for a while.	შემდეგ ცოტა ხანს პირდაპირ იარეთ. shemdeg tsot'a khans p'irdap'ir iaret.
Then go right for a hundred metres / meters (am.).	შემდეგ ას მეტრში მარჯვნივ. shemdeg as met'rshi marjvniv.
You can also take the bus.	შეგიძლიათ ავტობუსითაც წახვიდეთ. shegidzliat avt'obusitats ts'akhvidet.
You can also take the tram.	შეგიძლიათ ტრამვაითაც წახვიდეთ. shegidzliat t'ramvaitats ts'akhvidet.
You can also follow me with your car.	შეგიძლიათ მე გამომყვეთ. shegidzliat me gamomqvet.

40 [forty]		40 [ორმოცი] 40 [ormotsi]
Asking for directions		გზის გაკვლევა gzis gak'vleva

How do I get to the football / soccer (am.) stadium?	როგორ მივიდე სტადიონამდე? rogor mivide st'adionamde?
Cross the bridge!	ხიდი უნდა გადაკვეთოთ! khidi unda gadak'vetot!
Go through the tunnel!	გვირაბში უნდა გაიაროთ! gvirabshi unda gaiarot!
Drive until you reach the third traffic light.	მიდით მესამე შუქნიშნამდე. midit mesame shuknishnamde.
Then turn into the first street on your right.	შემდეგ შეუხვიეთ პირველივე ქუჩაზე მარჯვნივ. shemdeg sheukhviet p'irvelive kuchaze marjvniv.
Then drive straight through the next intersection.	შემდეგ წადით პირდაპირ, შემდეგი გზაჯვარედინის გავლით. shemdeg ts'adit p'irdap'ir, shemdegi gzajvaredinis gavlit.
Excuse me, how do I get to the airport?	უკაცრავად, როგორ მივიდე აეროპორტამდე? uk'atsravad, rogor mivide aerop'ort'amde?
It is best if you take the underground / subway (am.).	უმჯობესია მეტროთი. umjobesia met'roti.
Simply get out at the last stop.	იმგზავრეთ ბოლო გაჩერებამდე. imgzavret bolo gacherebamde.

41 [forty-one]

41

[ორმოცდაერთი]

41 [ormotsdaerti]

Where is ... ?

ორიენტაცია

orient'atsia

Where is the tourist information office?	სად არის ტურისტული ცენტრი? sad aris t'urist'uli tsent'ri?
Do you have a city map for me?	ქალაქის რუკა ხომ არ გაქვთ? kalakis ruk'a khom ar gakvt?
Can one reserve a room here?	შეიძლება აქ სასტუმროს დაჯავშნა? sheidzleba ak sast'umros dajavshna?
Where is the old city?	სად არის ძველი ქალაქი? sad aris dzveli kalaki?
Where is the cathedral?	სად არის ტაძარი? sad aris t'adzari?
Where is the museum?	სად არის მუზეუმი? sad aris muzeumi?
Where can one buy stamps?	სად იყიდება საფოსტო მარკები? sad iqideba sapost'o mark'ebi?
Where can one buy flowers?	სად იყიდება ყვავილები? sad iqideba qvavilebi?
Where can one buy tickets?	სად იყიდება სამგზავრო ბილეთები? sad iqideba samgzavro biletebi?

41 [forty-one]

Where is ... ?

41

[ორმოცდაერთი]

41 [ormotsdaerti]

ორიენტაცია

orient'atsia

Where is the harbour / harbor (am.)?	სად არის ნავსადგური? sad aris navsadguri?
Where is the market?	სად არის ბაზარი? sad aris bazari?
Where is the castle?	სად არის სასახლე? sad aris sasakhle?
When does the tour begin?	როდის იწყება ექსკურსია? rodis its'qeba eksk'ursia?
When does the tour end?	როდის მთავრდება ექსკურსია? rodis mtavrdeba eksk'ursia?
How long is the tour?	რამდენ ხანს გრძელდება ექსკურსია? ramden khans grdzeldeba eksk'ursia?
I would like a guide who speaks German.	მინდა გიდი, რომელიც გერმანულად ლაპარაკობს. minda gidi, romelits germanulad lap'arak'obs.
I would like a guide who speaks Italian.	მინდა გიდი, რომელიც იტალიურად ლაპარაკობს. minda gidi, romelits it'aliurad lap'arak'obs.
I would like a guide who speaks French.	მინდა გიდი, რომელიც ფრანგულად ლაპარაკობს. minda gidi, romelits prangulad lap'arak'obs.

42 [forty-two]

City tour

42

[ორმოცდაორი]

42 [ormotsdaori]

ქალაქის დათვალიერება

kalakis datvaliereba

Is the market open on Sundays?	ღიაა ბაზარი კვირაობით? ghiaa bazari k'viraobit?
Is the fair open on Mondays?	ღიაა გამოფენა კვირაობით? ghiaa gamopena k'viraobit?
Is the exhibition open on Tuesdays?	ღიაა გამოფენა სამშაბათობით? ghiaa gamopena samshabatobit?
Is the zoo open on Wednesdays?	ღიაა ზოოპარკი ოთხშაბათობით? ghiaa zoop'ark'i otkhshabatobit?
Is the museum open on Thursdays?	ღიაა მუზეუმი ხუთშაბათობით? ghiaa muzeumi khutshabatobit?
Is the gallery open on Fridays?	ღიაა გალერეა პარასკევობით? ghiaa galerea p'arask'evobit?
Can one take photographs?	ფოტოს გადაღება შეიძლება? pot'os gadagheba sheidzleba?
Does one have to pay an entrance fee?	შესვლისთვის უნდა გადავიხადო? shesvlistvis unda gadavikhado?
How much is the entrance fee?	რა ღირს შესვლა? ra ghirs shesvla?

42 [forty-two]

City tour

42

[ორმოცდაორი]

42 [ormotsdaori]

ქალაქის დათვალიერება

kalakis datvaliereba

Is there a discount for groups?	არის ფასდაკლება ჯგუფისთვის? aris pasdak'leba jgupistvis?
Is there a discount for children?	არის ფასდაკლება ბავშვებისთვის? aris pasdak'leba bavshvebistvis?
Is there a discount for students?	არის ფასდაკლება სტუდენტებისთვის? aris pasdak'leba st'udent'ebistvis?
What building is that?	ეს რა შენობაა? es ra shenobaa?
How old is the building?	ეს შენობა რა ხნისაა? es shenoba ra khnisaa?
Who built the building?	ეს შენობა ვინ ააშენა? es shenoba vin aashena?
I'm interested in architecture.	მე არქიტექტურა მაინეტერესებს. me arkit'ekt'ura mainet'eresebs.
I'm interested in art.	მე ხელოვნება მაინტერესებს. me khelovneba maint'eresebs.
I'm interested in paintings.	მე მხატვრობა მაინტერესებს. me mkhat'vroba maint'eresebs.

43 [forty-three]

43
[ორმოცდასამი]
43 [ormotsdasami]

At the zoo

ზოოპარკში
zoop'ark'shi

The zoo is there.	ზოოპარკი იქ არის. zoop'ark'i ik aris.
The giraffes are there.	ჟირაფები იქ არიან. zhirapebi ik arian.
Where are the bears?	სად არიან დათვები? sad arian datvebi?
Where are the elephants?	სად არიან სპილოები? sad arian sp'iloebi?
Where are the snakes?	სად არიან გველები? sad arian gvelebi?
Where are the lions?	სად არიან ლომები? sad arian lomebi?
I have a camera.	მე ფოტოაპარატი მაქვს. me pot'oap'arat'i makvs.
I also have a video camera.	მე ვიდეოკამერაც მაქვს. me videok'amerats makvs.
Where can I find a battery?	სად არის ელემენტი? sad aris element'i?

43 [forty-three]

At the zoo

43

[ორმოცდასამი]

43 [ormotsdasami]

ზოოპარკში

zoop'ark'shi

Where are the penguins?	სად არიან პინგვინები? sad arian p'ingvinebi?
Where are the kangaroos?	სად არიან კენგურუები? sad arian k'enguruebi?
Where are the rhinos?	სად არიან მარტორქები? sad arian mart'orkebi?
Where is the toilet / restroom (am.)?	სად არის ტუალეტი? sad aris t'ualet'i?
There is a café over there.	კაფე იქ არის. k'ape ik aris.
There is a restaurant over there.	რესტორანი იქ არის. rest'orani ik aris.
Where are the camels?	სად არიან აქლემები? sad arian aklemebi?
Where are the gorillas and the zebras?	სად არიან გორილები და ზებრები? sad arian gorilebi da zebrebi?
Where are the tigers and the crocodiles?	სად არიან ვეფხვები და ნიანგები? sad arian vepkhvebi da niangebi?

44 [forty-four]

Going out in the evening

44
[ორმოცდაოთხი]
44 [ormotsdaotkhi]

საღამოს გასეირნება

saghamos gaseirneba

Is there a disco here?	არის აქ დისკოთეკა? aris ak disk'otek'a?
Is there a nightclub here?	არის აქ ღამის კლუბი? aris ak ghamis k'lubi?
Is there a pub here?	არის აქ კაფე? aris ak k'ape?
What's playing at the theatre / theater (am.) this evening?	რა გადის დღეს საღამოს თეატრში? ra gadis dghes saghamos teat'rshi?
What's playing at the cinema / movies (am.) this evening?	რა გადის დღეს საღამოს კინოში? ra gadis dghes saghamos k'inoshi?
What's on TV this evening?	რა გადის დღეს საღამოს ტელევიზორში? ra gadis dghes saghamos t'elevizorshi?
Are tickets for the theatre / theater (am.) still available?	არის კიდევ თეატრის ბილეთები? aris k'idev teat'ris biletebi?
Are tickets for the cinema / movies (am.) still available?	არის კიდევ კინოს ბილეთები? aris k'idev k'inos biletebi?
Are tickets for the football / soccer am. game still available?	არის კიდევ ფეხბურთის ბილეთები? aris k'idev pekhburtis biletebi?

44 [forty-four]

Going out in the evening

44

[ორმოცდაოთხი]

44 [ormotsdaotkhi]

საღამოს გასეირნება

saghamos gaseirneba

I want to sit in the back.	სულ უკან მინდა ჯდომა. sul uk'an minda jdoma.
I want to sit somewhere in the middle.	სადმე შუაში მინდა ჯდომა. sadme shuashi minda jdoma.
I want to sit at the front.	სულ წინ მინდა ჯდომა. sul ts'in minda jdoma.
Could you recommend something?	შეგიძლიათ რამე მირჩიოთ? shegidzliat rame mirchiot?
When does the show begin?	როდის იწყება წარმოდგენა? rodis its'qeba ts'armodgena?
Can you get me a ticket?	შეგიძლიათ ერთი ბილეთი მიშოვნოთ? shegidzliat erti bileti mishovnot?
Is there a golf course nearby?	არის აქ, ახლოს გოლფის მოედანი? aris ak, akhlos golpis moedani?
Is there a tennis court nearby?	არის აქ, ახლოს ტენისის მოედანი? aris ak, akhlos t'enisis moedani?
Is there an indoor swimming pool nearby?	არის აქ, ახლოს საცურაო აუზი? aris ak, akhlos satsurao auzi?

45 [forty-five]

At the cinema

45

[ორმოცდახუთი]

45 [ormotsdakhuti]

კინოში

k'inoshi

We want to go to the cinema. | ჩვენ კინოში წასვლა გვინდა.
chven k'inoshi ts'asvla gvinda.

A good film is playing today. | დღეს კარგი ფილმი გადის.
dghes k'argi pilmi gadis.

The film is brand new. | ეს ახალი ფილმია.
es akhali pilmia.

Where is the cash register? | სად არის სალარო?
sad aris salaro?

Are seats still available? | არის კიდევ თავისუფალი ადგილები?
aris k'idev tavisupali adgilebi?

How much are the admission tickets? | რა ღირს ბილეთები?
ra ghirs biletebi?

When does the show begin? | როდის იწყება წარმოდგენა?
rodis its'qeba ts'armodgena?

How long is the film? | რამდენ ხანს გრძელდება ფილმი?
ramden khans grdzeldeba pilmi?

Can one reserve tickets? | შეიძლება ბილეთების დაჯავშნა?
sheidzleba biletebis dajavshna?

45 [forty-five]

45

[ორმოცდახუთი]

45 [ormotsdakhuti]

At the cinema

კინოში

k'inoshi

I want to sit at the back.	უკან ჯდომა მინდა. uk'an jdoma minda.
I want to sit at the front.	წინ ჯდომა მინდა. ts'in jdoma minda.
I want to sit in the middle.	შუაში ჯდომა მინდა. shuashi jdoma minda.
The film was exciting.	ფილმი საინტერესო იყო. pilmi saint'ereso iqo.
The film was not boring.	ფილმი არ იყო მოსაწყენი. pilmi ar iqo mosats'qeni.
But the book on which the film was based was better.	მაგრამ წიგნი ფილმს სჯობდა. magram ts'igni pilms sjobda.
How was the music?	როგორი იყო მუსიკა? rogori iqo musik'a?
How were the actors?	როგორები იყვნენ მსახიობები? rogorebi iqvnen msakhiobebi?
Were there English subtitles?	იყო ტიტრები ინგლისურ ენაზე? iqo t'it'rebi inglisur enaze?

46 [forty-six]

In the discotheque

46
[ორმოცდაექვსი]
46 [ormotsdaekvsi]

დისკოთეკაზე

disk'otek'aze

Is this seat taken?	ეს ადგილი თავისუფალია? es adgili tavisupalia?
May I sit with you?	შეიძლება თქვენთან დავჯდე? sheidzleba tkventan davjde?
Sure.	სიამოვნებით. siamovnebit.
How do you like the music?	როგორ მოგწონთ მუსიკა? rogor mogts'ont musik'a?
A little too loud.	ცოტა ხმაურიანია. tsot'a khmauriania.
But the band plays very well.	მაგრამ ეს ჯგუფი კარგად უკრავს. magram es jgupi k'argad uk'ravs.
Do you come here often?	აქ ხშირად ხართ? ak khshirad khart?
No, this is the first time.	არა, პირველად. ara, p'irvelad.
I've never been here before.	აქ არასდროს ვყოფილვარ. ak arasdros vqopilvar.

46 [forty-six]

46
[ორმოცდაექვსი]
46 [ormotsdaekvsi]

In the discotheque

დისკოთეკაზე
disk'otek'aze

Would you like to dance?	ცეკვავთ? tsek'vavt?
Maybe later.	ალბათ მოგვიანებით. albat mogvianebit.
I can’t dance very well.	კარგად ვერ ვცეკვავ. k'argad ver vtsek'vav.
It’s very easy.	ეს ძალიან ადვილია. es dzalian advilia.
I’ll show you.	გაჩვენებთ. gachvenebt.
No, maybe some other time.	არა, სჯობს სხვა დროს. ara, sjobs skhva dros.
Are you waiting for someone?	ვინმეს ელოდებით? vinmes elodebit?
Yes, for my boyfriend.	დიახ, ჩემს მეგობარს. diakh, chems megobars.
There he is!	აი ისიც, მოდის! ai isits, modis!

47 [forty-seven]

Preparing a trip

47

[ორმოცდაშვიდი]

47 [ormotsdashvidi]

მზადება მოგზაურობისთვის

mzadeba mogzaurobistvis

You have to pack our suitcase!	შენ ჩვენი ჩემოდანი უნდა ჩაალაგო! shen chveni chemodani unda chaalago!
Don't forget anything!	არაფერი უნდა დაგავიწყდეს! araperi unda dagavits'qdes!
You need a big suitcase!	შენ დიდი ჩემოდანი გჭირდება! shen didi chemodani gch'irdeba!
Don't forget your passport!	პასპორტი არ დაგრჩეს! p'asp'ort'i ar dagrches!
Don't forget your ticket!	ბილეთი არ დაგრჩეს! bileti ar dagrches!
Don't forget your traveller's cheques / traveler's checks (am.)!	სამგზავრო ჩეკები არ დაგრჩეს! samgzavro chek'ebi ar dagrches!
Take some suntan lotion with you.	მზის კრემი წამოიღე. mzis k'remi ts'amoighe.
Take the sun-glasses with you.	მზის სათვალე წამოიღე. mzis satvale ts'amoighe.
Take the sun hat with you.	მზის ქუდი წამოიღე. mzis kudi ts'amoighe.

47 [forty-seven]

Preparing a trip

47

[ორმოცდაშვიდი]

47 [ormotsdashvidi]

მზადება მოგზაურობისთვის

mzadeba mogzaurobistvis

Do you want to take a road map?	რუკას წამოიღებ? ruk'as ts'amoigheb?
Do you want to take a travel guide?	გზამკვლევს წამოიღებ? gzamk'vlevs ts'amoigheb?
Do you want to take an umbrella?	ქოლგას წამოიგებ? kolgas ts'amoigeb?
Remember to take pants, shirts and socks.	შარვლები, პერანგები, წინდები არ დაგრჩეს. sharvlebi, p'erangebi, ts'indebi ar dagrches.
Remember to take ties, belts and sports jackets.	ჰალსტუხები, ქამრები, პიჯაკები არ დაგრჩეს. halst'ukhebi, kamrebi, p'ijak'ebi ar dagrches.
Remember to take pyjamas, nightgowns and t-shirts.	ღამის პიჟამოები, ღამის პერანგები და მაისურები არ დაგრჩეს. ghamis p'izhamoebi, ghamis p'erangebi da maisurebi ar dagrches.
You need shoes, sandals and boots.	შენ ფეხსაცმელები, სანდლები და ჩექმები გჭირდება. shen pekhsatsmelebi, sandlebi da chekmebi gch'irdeba.
You need handkerchiefs, soap and a nail clipper.	შენ ცხვირსახოცები, საპონი და ფრჩხილების მაკრატელი გჭირდება. shen tskhvirsakhotsebi, sap'oni da prchkhilebis mak'rat'eli gch'irdeba.
You need a comb, a toothbrush and toothpaste.	შენ სავარცხელი, კბილის ჯაგრისი და კბილის პასტა გჭირდება. shen savartskheli, k'bilis jagrisi da k'bilis p'ast'a gch'irdeba.

48 [forty-eight]

48 [ორმოცდარვა]
48 [ormotsdarva]

Vacation activities

გართობა შვებულების დროს
gartoba shvebulebis dros

Is the beach clean?	პლაჟი სუფთაა? p'lazhi suptaa?
Can one swim there?	შეიძლება იქ ბანაობა? sheidzleba ik banaoba?
Isn't it dangerous to swim there?	არ არის საშიში იქ ბანაობა? ar aris sashishi ik banaoba?
Can one rent a sun umbrella / parasol here?	შეიძლება აქ მზის ქოლგის დაქირავება? sheidzleba ak mzis kolgis dakiraveba?
Can one rent a deck chair here?	შეიძლება აქ შეზლონგის დაქირავება? sheidzleba ak shezlongis dakiraveba?
Can one rent a boat here?	შეიძლება აქ ნავის დაქირავება? sheidzleba ak navis dakiraveba?
I would like to surf.	სიამოვნებით ვისერფინგებდი. siamovnebit viserpingebdi.
I would like to dive.	სიამოვნებით ჩავყვინთავდი. siamovnebit chavqvintavdi.
I would like to water ski.	სიამოვნებით ვისრიალებდი წყლის თხილამურებით. siamovnebit visrialebdi ts'qlis tkhilamurebit.

48 [forty-eight]

Vacation activities

48 [ორმოცდარვა]
48 [ormotsdarva]

გართობა შვებულების დროს
gartoba shvebulebis dros

Can one rent a surfboard?	შეიძლება სერფინგის დაფის დაქირავება? sheidzleba serpingis dapis dakiraveba?
Can one rent diving equipment?	შეიძლება მყვინთავის აღჭურვილობის დაქირავება? sheidzleba mqvintavis aghch'urvilobis dakiraveba?
Can one rent water skis?	შეიძლება წყლის თხილამურების დაქირავება? sheidzleba ts'qlis tkhilamurebis dakiraveba?
I'm only a beginner.	ჯერ დამწყები ვარ. jer damts'qebi var.
I'm moderately good.	საშუალოდ ვიცი. sashualod vitsi.
I'm pretty good at it.	მასში უკვე ვერკვევი. masshi uk've verk'vevi.
Where is the ski lift?	სად არის საბაგირო? sad aris sabagiro?
Do you have skis?	თან გაქვს თხილამურები? tan gakvs tkhilamurebi?
Do you have ski boots?	თან გაქვს სათხილამურო ჩექმები? tan gakvs satkhilamuro chekmebi?

49 [forty-nine]

49

[ორმოცდაცხრა]

49 [ormotsdatskhra]

Sports

სპორტი

sp'ort'i

Do you exercise?	მისდევ სპორტს? misdev sp'ort's?
Yes, I need some exercise.	დიახ, მოძრაობა მჭირდება. diakh, modzraoba mch'irdeba.
I am a member of a sports club.	მე სპორტულ ჯგუფში ვარ. me sp'ort'ul jgupshi var.
We play football / soccer (am.).	ჩვენ ფეხბურთს ვთამაშობთ. chven pekhburts vtamashobt.
We swim sometimes.	ზოგჯერ ვცურავთ. zogjer vtsuravt.
Or we cycle.	ან ველოსიპედით დავდივართ. an velosip'edit davdivart.
There is a football / soccer (am.) stadium in our city.	ჩვენს ქალაქში არის ფეხბურთის მოედანი. chvens kalakshi aris pekhburtis moedani.
There is also a swimming pool with a sauna.	არის ასევე საცურაო აუზი საუნით. aris aseve satsurao auzi saunit.
And there is a golf course.	და არის გოლფის მოედანი. da aris golpis moedani.

49 [forty-nine]

Sports

49

[ორმოცდაცხრა]

49 [ormotsdatskhra]

სპორტი

sp'ort'i

What is on TV?	რა გადის ტელევიზორში? ra gadis t'elevizorshi?
There is a football / soccer (am.) match on now.	ახლა ფეხბურთია. akhla pekhburtia.
The German team is playing against the English one.	გერმანული გუნდი ინგლისურს ეთამაშება. germanuli gundi inglisurs etamasheba.
Who is winning?	ვინ იგებს? vin igebs?
I have no idea.	წარმოდგენა არ მაქვს. ts'armodgena ar makvs.
It is currently a tie.	ჯერ ფრეა. jer prea.
The referee is from Belgium.	მსაჯი ბელგიელია. msaji belgielia.
Now there is a penalty.	ახლა თერთმეტმეტრიანი დანიშნეს. akhla tertmet'met'riani danishnes.
Goal! One – zero!	გოლი! ერთით ნული! goli! ertit nuli!

50 [fifty]

In the swimming pool

50

[ორმოცდაათი]

50 [ormotsdaati]

საცურაო აუზზე.

satsurao auzze.

It is hot today.	დღეს ცხელა. dghes tskhela.
Shall we go to the swimming pool?	წავიდეთ აუზზე? ts'avidet auzze?
Do you feel like swimming?	გინდა საცურაოდ წავიდეთ? ginda satsuraod ts'avidet?
Do you have a towel?	გაქვს პირსახოცი? gakvs p'irsakhotsi?
Do you have swimming trunks?	გაქვს საცურაო ტრუსი? gakvs satsurao t'rusi?
Do you have a bathing suit?	გაქვს საცურაო კოსტუმი? gakvs satsurao k'ost'umi?
Can you swim?	ცურვა შეგიძლია? tsurva shegidzlia?
Can you dive?	ყვინთვა შეგიძლია? qvintva shegidzlia?
Can you jump in the water?	წყალში ხტომა შეგიძლია? ts'qalshi kht'oma shegidzlia?

50 [fifty]

In the swimming pool

50

[ორმოცდაათი]

50 [ormotsdaati]

საცურაო აუზზე.

satsurao auzze.

Where is the shower?
სად არის შხაპი?
sad aris shkhap'i?

Where is the changing room?
სად არის გამოსაცვლელი კაბინა?
sad aris gamosatsvleli k'abina?

Where are the swimming goggles?
სად არის საცურაო სათვალე?
sad aris satsurao satvale?

Is the water deep?
წყალი ღრმაა?
ts'qali ghrmaa?

Is the water clean?
წყალი სუფთაა?
ts'qali suptaa?

Is the water warm?
წყალი თბილია?
ts'qali tbilia?

I am freezing.
ვიყინები.
viqinebi.

The water is too cold.
წყალი ძალიან ცივია.
ts'qali dzalian tsivia.

I am getting out of the water now.
ახლა წყლიდან ამოვალ.
akhla ts'qlidan amoval.

51 [fifty-one]

Running errands

51

[ორმოცდათერთმეთი]

51 [ormotsdatertmeti]

საყიდლების გაკეთება

saqidlebis gak'eteba

I want to go to the library.	ბიბლიოთეკაში მინდა. bibliotek'ashi minda.
I want to go to the bookstore.	წიგნის მაღაზიაში მინდა. ts'ignis maghaziashi minda.
I want to go to the newspaper stand.	კიოსკში მინდა. k'iosk'shi minda.
I want to borrow a book.	წიგნი მინდა ვითხოვო. ts'igni minda vitkhovo.
I want to buy a book.	წიგნი მინდა ვიყიდო. ts'igni minda viqido.
I want to buy a newspaper.	გაზეთი მინდა ვიყიდო. gazeti minda viqido.
I want to go to the library to borrow a book.	ბიბლიოთეკაში მინდა მისვლა, წიგნი რომ ვითხოვო. bibliotek'ashi minda misvla, ts'igni rom vitkhovo.
I want to go to the bookstore to buy a book.	წიგნის მაღაზიაში მინდა წასვლა, წიგნი რომ ვიყიდო. ts'ignis maghaziashi minda ts'asvla, ts'igni rom viqido.
I want to go to the kiosk / newspaper stand to buy a newspaper.	კიოსკში მინდა წასვლა, გაზეთი რომ ვიყიდო. k'iosk'shi minda ts'asvla, gazeti rom viqido.

51 [fifty-one]		51 [ორმოცდათერთმეთი] 51 [ormotsdatertmeti]
Running errands		საყიდლების გაკეთება saqidlebis gak'eteba

I want to go to the optician.	ოკულისტთან უნდა წავიდე. ok'ulist'tan unda ts'avide.
I want to go to the supermarket.	მაღაზიაში მინდა წავიდე. maghaziashi minda ts'avide.
I want to go to the bakery.	საცხობში მინდა წავიდე. satskhobshi minda ts'avide.
I want to buy some glasses.	სათვალის ყიდვა მინდა. satvalis qidva minda.
I want to buy fruit and vegetables.	ხილის და ბოსტნეულის ყიდვა მინდა. khilis da bost'neulis qidva minda.
I want to buy rolls and bread.	ფუნთუშის და პურის ყიდვა მინდა. puntushis da p'uris qidva minda.
I want to go to the optician to buy glasses.	ოკულისტთან მინდა წავიდე, სათვალე რომ ვიყიდო. ok'ulist'tan minda ts'avide, satvale rom viqido.
I want to go to the supermarket to buy fruit and vegetables.	მაღაზიაში მინდა წასვლა, ხილი და ბოსტნეული რომ ვიყიდო. maghaziashi minda ts'asvla, khili da bost'neuli rom viqido.
I want to go to the baker to buy rolls and bread.	საცხობში მინდა წასვლა, ფუნთუშა და პური რომ ვიყიდო. satskhobshi minda ts'asvla, puntusha da p'uri rom viqido.

52 [fifty-two]

In the department store

52 [ორმოცდათორმეტი]
52 [ormotsdatormet'i]

სავაჭრო ცენტრში
savach'ro tsent'rshi

Shall we go to the department store?	სავაჭრო ცენტრში ხომ არ წავიდეთ? savach'ro tsent'rshi khom ar ts'avidet?
I have to go shopping.	საყიდლები მაქვს. saqidlebi makvs.
I want to do a lot of shopping.	ბევრი რამ მაქვს საყიდელი. bevri ram makvs saqideli.
Where are the office supplies?	სად იყიდება საკანცელარიო ნივთები? sad iqideba sak'antselario nivtebi?
I need envelopes and stationery.	საფოსტო კონვერტები და ქაღალდი მჭირდება. sapost'o k'onvert'ebi da kaghaldi mch'irdeba.
I need pens and markers.	კალმისტრები და ფლომასტრები მჭირდება. k'almist'rebi da plomast'rebi mch'irdeba.
Where is the furniture?	სად არის ავეჯი? sad aris aveji?
I need a cupboard and a chest of drawers.	კარადა და კომოდი მჭირდება. k'arada da k'omodi mch'irdeba.
I need a desk and a bookshelf.	საწერი მაგიდა და თარო მჭირდება. sats'eri magida da taro mch'irdeba.

52 [fifty-two]

In the department store

52 [ორმოცდათორმეტი]
52 [ormotsdatormet'i]

სავაჭრო ცენტრში
savach'ro tsent'rshi

Where are the toys?	სად არის სათამაშოები? sad aris satamashoebi?
I need a doll and a teddy bear.	თოჯინა და სათამაშო დათვი მჭირდება. tojina da satamasho datvi mch'irdeba.
I need a football and a chess board.	ფეხბურთის ბურთი და ჭადრაკი მჭირდება. pekhburtis burti da ch'adrak'i mch'irdeba.
Where are the tools?	სად არის ხელსაწყოები? sad aris khelsats'qoebi?
I need a hammer and a pair of pliers.	ჩაქუჩი და მომჭერი მჭირდება. chakuchi da momch'eri mch'irdeba.
I need a drill and a screwdriver.	სახვრეტელა (დრელი) და ჭანჭიკის მომჭერი მჭირდება. sakhvret'ela (dreli) da ch'anch'ik'is momch'eri mch'irdeba.
Where is the jewellery / jewelry (am.) department?	სად არის სამკაულები? sad aris samk'aulebi?
I need a chain and a bracelet.	ძეწკვი და სამაჯური მჭირდება. dzets'k'vi da samajuri mch'irdeba.
I need a ring and earrings.	ბეჭედი და საყურეები მჭირდება. bech'edi da saqureebi mch'irdeba.

53 [fifty-three]

53 [ორმოცდაცამეტი]

53 [ormotsdatsamet'i]

Shops

მაღაზიები

maghaziebi

We're looking for a sports shop.	ჩვენ სპორტულ მაღაზიას ვეძებთ. chven sp'ort'ul maghazias vedzebt.
We're looking for a butcher shop.	ჩვენ ხორცის მაღაზიას ვეძებთ. chven khortsis maghazias vedzebt.
We're looking for a pharmacy / drugstore (am.).	ჩვენ აფთიაქს ვეძებთ. chven aptiaks vedzebt.
We want to buy a football.	ჩვენ ფეხბურთის ბურთის ყიდვა გვინდა. chven pekhburtis burtis qidva gvinda.
We want to buy salami.	ჩვენ სალიამის ყიდვა გვინდა. chven saliamis qidva gvinda.
We want to buy medicine.	ჩვენ წამლების ყიდვა გვინდა. chven ts'amlebis qidva gvinda.
We're looking for a sports shop to buy a football.	ჩვენ სპორტულ მაღაზიას ვეძებთ, ფეხბურთის ბურთი რომ ვიყიდოთ. chven sp'ort'ul maghazias vedzebt, pekhburtis burti rom viqidot.
We're looking for a butcher shop to buy salami.	ჩვენ ხორცის მაღაზიას ვეძებთ, სალიამი რომ ვიყიდოთ. . chven khortsis maghazias vedzebt, saliami rom viqidot. .
We're looking for a drugstore to buy medicine.	ჩვენ აფთიაქს ვეძებთ, წამლები რომ ვიყიდოთ. chven aptiaks vedzebt, ts'amlebi rom viqidot.

53 [fifty-three]

Shops

53 [ორმოცდაცამეტი]

53 [ormotsdatsamet'i]

მაღაზიები

maghaziebi

I'm looking for a jeweller / jeweler (am.).	ოქრომჭედელს ვეძებ. okromch'edels vedzeb.
I'm looking for a photo equipment store.	ფოტოატელიეს ვეძებ. pot'oat'elies vedzeb.
I'm looking for a confectionery.	საკონდიტროს ვეძებ. sak'ondit'ros vedzeb.
I actually plan to buy a ring.	ბეჭდის ყიდვას ვაპირებ. bech'dis qidvas vap'ireb.
I actually plan to buy a roll of film.	ფილმის ყიდვას ვაპირებ. pilmis qidvas vap'ireb.
I actually plan to buy a cake.	ტორტის ყიდვას ვაპირებ. t'ort'is qidvas vap'ireb.
I'm looking for a jeweler to buy a ring.	იუველირს ვეძებ, ბეჭედი რომ ვიყიდო. iuvelirs vedzeb, bech'edi rom viqido.
I'm looking for a photo shop to buy a roll of film.	ფოტოატელიეს ვეძებ, ფირი რომ ვიყიდო . pot'oat'elies vedzeb, piri rom viqido .
I'm looking for a confectionery to buy a cake.	საკონდიტროს ვეძებ, ტორტი რომ ვიყიდო. sak'ondit'ros vedzeb, t'ort'i rom viqido.

54 [fifty-four]

Shopping

54
[ორმოცდათოთხმეტი]
54
[ormotsdatotkhmet'i]

ყიდვა
qidva

I want to buy a present.	საჩუქრის ყიდვა მინდა. sachukris qidva minda.
But nothing too expensive.	მაგრამ არც თუ ისე ძვირის. magram arts tu ise dzviris.
Maybe a handbag?	იქნებ ხელჩანთა? ikneb khelchanta?
Which color would you like?	რა ფერი გნებავთ? ra peri gnebavt?
Black, brown or white?	შავი, ყავისფერი თუ თეთრი? shavi, qavisperi tu tetri?
A large one or a small one?	დიდი თუ პატარა? didi tu p'at'ara?
May I see this one, please?	შეიძლება ვნახო? sheidzleba vnakho?
Is it made of leather?	ტყავის არის? t'qavis aris?
Or is it made of plastic?	თუ ხელოვნურია? tu khelovnuria?

54 [fifty-four]

Shopping

54

[ორმოცდათოთხმეტი]

54

[ormotsdatotkhmet'i]

ყიდვა

qidva

Of leather, of course.	ტყავის, რა თქმა უნდა. t'qavis, ra tkma unda.
This is very good quality.	ეს განსაკუთრებით ხარისხიანია. es gansak'utrebit khariskhiania.
And the bag is really very reasonable.	ხელჩანთა მართლაც იაფია. khelchanta martlats iapia.
I like it.	მომწონს. momts'ons.
I'll take it.	ვიყიდი. viqidi.
Can I exchange it if needed?	გამოცვლა შესაძლებელია? gamotsvla shesadzlebelia?
Of course.	რა თქმა უნდა. ra tkma unda.
We'll gift wrap it.	გაგიხვევთ როგორც საჩუქარს. gagikhvevt rogorts sachukars.
The cashier is over there.	იქ არის სალარო. ik aris salaro.

55 [fifty-five]

55 [ორმოცდათხუთმეტი]

55 [ormotsdatkhutmet'i]

Working

მუშაობა

mushaoba

What do you do for a living?	რა პროფესიის ხართ? ra p'ropesiis khart?
My husband is a doctor.	ჩემი ქმარი პროფესიით ექიმია. chemi kmari p'ropesiit ekimia.
I work as a nurse part-time.	ნახევარ განაკვეთზე მედდად ვმუშაობ. nakhevar ganak'vetze meddad vmushaob.
We will soon receive our pension.	მალე ჩვენ პენსიაზე გავალთ. male chven p'ensiaze gavalt.
But taxes are high.	მაგრამ გადასახადები მაღალია. magram gadasakhadebi maghalia.
And health insurance is expensive.	ჯანმრთელობის დაზღვევა ძვირია. janmrtelobis dazghveva dzviria.
What would you like to become some day?	რა გინდა რომ გამოხვიდე? ra ginda rom gamokhvide?
I would like to become an engineer.	ინჟინერი მინდა გავხდე. inzhineri minda gavkhde.
I want to go to college.	უნივერსიტეტში მინდა ვისწავლო. universit'et'shi minda vists'avlo.

55 [fifty-five]

Working

55 [ორმოცდათხუთმეტი]
55 [ormotsdatkhutmet'i]

მუშაობა
mushaoba

I am an intern.
პრაქტიკანტი ვარ.
p'rakt'ik'ant'i var.

I do not earn much.
მე არ მაქვს მაღალი ხელფასი.
me ar makvs maghali khelpasi.

I am doing an internship abroad.
პრაქტიკას საზღვარგარეთ გავდივარ.
p'rakt'ik'as sazghvargaret gavdivar.

That is my boss.
ეს ჩემი უფროსია.
es chemi uprosia.

I have nice colleagues.
სასიამოვნო კოლეგები მყავს.
sasiamovno k'olegebi mqavs.

We always go to the cafeteria at noon.
შუადღეს ჩვენ ყოველთვის კაფეში მივდივართ.
shuadghes chven qoveltvis k'apeshi mivdivart.

I am looking for a job.
სამუშაო ადგილს ვეძებ.
samushao adgils vedzeb.

I have already been unemployed for a year.
უკვე ერთი წელია უმუშევარი ვარ.
uk've erti ts'elia umushevari var.

There are too many unemployed people in this country.
ამ ქვეყანაში ძალიან ბევრი უმუშევარია.
am kveqanashi dzalian bevri umushevaria.

56 [fifty-six]

Feelings

56 [ორმოცდათექვსმეტი]
56 [ormotsdatekvsmet'i]

გრძნობები
grdznobebi

to feel like / want to	სურვილი survili
We feel like. / We want to.	ჩვენ გვაქვს სურვილი. chven gvakvs survili.
We don’t feel like. / We do’t want to.	ჩვენ არ გვაქვს სურვილი. chven ar gvakvs survili.
to be afraid	შიში shishi
I’m afraid.	მეშინია. meshinia.
I am not afraid.	არ მეშინია. ar meshinia.
to have time	დროის ქონა. drois kona.
He has time.	მას აქვს დრო. mas akvs dro.
He has no time.	მას არ აქვს დრო. mas ar akvs dro.

56 [fifty-six]

56
[ორმოცდათექვსმეტი]
56
[ormotsdatekvsmet'i]

Feelings

გრძნობები
grdznobebi

to be bored — მოწყენილობა
mots'qeniloba

She is bored. — ის მოწყენილია.
is mots'qenilia.

She is not bored. — ის არ არის მოწყენილი.
is ar aris mots'qenili.

to be hungry — შიმშილი
shimshili

Are you hungry? — გშიათ?
gshiat?

Aren't you hungry? — არ გშიათ?
ar gshiat?

to be thirsty — წყურვილი
ts'qurvili

They are thirsty. — მათ წყურიათ.
mat ts'quriat.

They are not thirsty. — მათ არ წყურიათ.
mat ar ts'quriat.

57 [fifty-seven]

57
[ორმოცდაჩვიდმეტი]
57
[ormotsdachvidmet'i]

At the doctor

ექიმთან
ekimtan

I have a doctor's appointment.	ექიმთან ვარ ჩაწერილი. ekimtan var chats'erili.
I have the appointment at ten o'clock.	ათ საათზე ვარ ჩაწერილი. at saatze var chats'erili.
What is your name?	რა გქვიათ? ra gkviat?
Please take a seat in the waiting room.	თუ შეიძლება, მოსაცდელ ოთახში დაბრძანდით! tu sheidzleba, mosatsdel otakhshi dabrdzandit!
The doctor is on his way.	ექიმი ახლავე მოვა. ekimi akhlave mova.
What insurance company do you belong to?	სად ხართ დაზღვეული? sad khart dazghveuli?
What can I do for you?	რით შემიძლია დაგეხმაროთ? rit shemidzlia dagekhmarot?
Do you have any pain?	გტკივათ? gt'k'ivat?
Where does it hurt?	სად გტკივათ? sad gt'k'ivat?

57 [fifty-seven]

At the doctor

57 [ორმოცდაჩვიდმეტი]
57 [ormotsdachvidmet'i]

ექიმთან
ekimtan

I always have back pain.	ზურგი მტკივა. zurgi mt'k'iva.
I often have headaches.	ხშირად თავი მტკივა. khshirad tavi mt'k'iva.
I sometimes have stomach aches.	ზოგჯერ მუცელი მტკივა. zogjer mutseli mt'k'iva.
Remove your top!	თუ შეიძლება ზემოთ გაიხადეთ! tu sheidzleba zemot gaikhadet!
Lie down on the examining table.	თუ შეიძლება საწოლზე დაწექით! tu sheidzleba sats'olze dats'ekit!
Your blood pressure is okay.	წნევა წესრიგშია. ts'neva ts'esrigshia.
I will give you an injection.	ნემსს გაგიკეთებთ. nemss gagik'etebt.
I will give you some pills.	ტაბლეტებს მოგცემთ. t'ablet'ebs mogtsemt.
I am giving you a prescription for the pharmacy.	რეცეპტს გამოგიწერთ აფთიაქისთვის. retsep't's gamogits'ert aptiakistvis.

58 [fifty-eight]

Parts of the body

58

[ორმოცდათვრამეტი]

58

[ormotsdatvramet'i]

სხეულის ნაწილები

skheulis nats'ilebi

I am drawing a man.	კაცს ვხატავ. k'atss vkhat'av.
First the head.	ჯერ თავს. jer tavs.
The man is wearing a hat.	კაცს ქუდი ახურავს. k'atss kudi akhuravs.
One cannot see the hair.	თმა არ ჩანს. tma ar chans.
One cannot see the ears either.	არც ყურები ჩანს. arts qurebi chans.
One cannot see his back either.	ზურგიც არ ჩანს. zurgits ar chans.
I am drawing the eyes and the mouth.	თვალებს და პირს ვხატავ. tvalebs da p'irs vkhat'av.
The man is dancing and laughing.	კაცი ცეკვავს და იცინის. k'atsi tsek'vavs da itsinis.
The man has a long nose.	კაცს გრძელი ცხვირი აქვს. k'atss grdzeli tskhviri akvs.

58 [fifty-eight]

Parts of the body

58
[ორმოცდათვრამეტი]
58
[ormotsdatvramet'i]

სხეულის ნაწილები
skheulis nats'ilebi

He is carrying a cane in his hands.	მას ხელში ჯოხი უჭირავს. mas khelshi jokhi uch'iravs.
He is also wearing a scarf around his neck.	მას ასევე ყელზე კაშნე უკეთია. mas aseve qelze k'ashne uk'etia.
It is winter and it is cold.	ზამთარია და ცივა. zamtaria da tsiva.
The arms are athletic.	ხელები ძლიერია. khelebi dzlieria.
The legs are also athletic.	ფეხებიც ძლიერია. pekhebits dzlieria.
The man is made of snow.	კაცი თოვლისგან არის გაკეთებული. k'atsi tovlisgan aris gak'etebuli.
He is neither wearing pants nor a coat.	მას შარვალი და პალტო არ აცვია. mas sharvali da p'alt'o ar atsvia.
But the man is not freezing.	მაგრამ კაცი არ იყინება. magram k'atsi ar iqineba.
He is a snowman.	ის თოვლისბაბუაა. is tovlisbabuaa.

59 [fifty-nine]

59
[ორმოცდაცხრამე
ტი]
59
[ormotsdatskhramet'i]

At the post office

ფოსტაში

post'ashi

Where is the nearest post office?	სად არის უახლოესი ფოსტა? sad aris uakhloesi post'a?
Is the post office far from here?	შორს არის ფოსტამდე? shors aris post'amde?
Where is the nearest mail box?	სად არის უახლოესი საფოსტო ყუთი? sad aris uakhloesi sapost'o quti?
I need a couple of stamps.	რამდენიმე საფოსტო მარკა მჭირდება. ramdenime sapost'o mark'a mch'irdeba.
For a card and a letter.	ბარათისა და წერილისათვის. baratisa da ts'erilisatvis.
How much is the postage to America?	რა ღირს მარკა ამერიკისთვის? ra ghirs mark'a amerik'istvis?
How heavy is the package?	რამდენად მძიმეა შეკვრა? ramdenad mdzimea shek'vra?
Can I send it by air mail?	შემიძლია საჰაერო ფოსტით გავაგზავნო? shemidzlia sahaero post'it gavagzavno?
How long will it take to get there?	რამდენი ხანი სჭირდება ჩასვლას? ramdeni khani sch'irdeba chasvlas?

59 [fifty-nine]

At the post office

59

[ორმოცდაცხრამე
ტი]

59

[ormotsdatskhramet'i]

ფოსტაში

post'ashi

Where can I make a call?	საიდან შეიძლება დავრეკო? saidan sheidzleba davrek'o?
Where is the nearest telephone booth?	სად არის უახლოესი სატელეფონო ჯიხური? sad aris uakhloesi sat'elepono jikhuri?
Do you have calling cards?	გაქვთ სატელეფონო ბარათი? gakvt sat'elepono barati?
Do you have a telephone directory?	გაქვთ ტელეფონის წიგნი? gakvt t'eleponis ts'igni?
Do you know the area code for Austria?	იცით ავსტრიის კოდი? itsit avst'riis k'odi?
One moment, I'll look it up.	ერთი წუთით, ვნახავ. erti ts'utit, vnakhav.
The line is always busy.	ხაზი სულ დაკავებულია. khazi sul dak'avebulia.
Which number did you dial?	რა ნომერი აკრიფეთ? ra nomeri ak'ripet?
You have to dial a zero first!	თქვენ ჯერ ნული უნდა აკრიფოთ. tkven jer nuli unda ak'ripot.

60 [sixty]

60 [სამოცი]
60 [samotsi]

At the bank

ბანკში
bank'shi

I would like to open an account.	ანგარიშის გახსნა მსურს. angarishis gakhsna msurs.
Here is my passport.	აი, ჩემი პასპორტი. ai, chemi p'asp'ort'i.
And here is my address.	ეს არის ჩემი მისამართი. es aris chemi misamarti.
I want to deposit money in my account.	ჩემს ანგარიშზე ფულის შეტანა მინდა. chems angarishze pulis shet'ana minda.
I want to withdraw money from my account.	ჩემი ანგარიშიდან ფულის მოხსნა მინდა. chemi angarishidan pulis mokhsna minda.
I want to pick up the bank statements.	ანგარიშბრუნვის წაღება მსურს. angarishbrunvis ts'agheba msurs.
I want to cash a traveller's cheque / traveler's check (am.).	სამოგზაურო ჩეკის განაღდება მსურს. samogzauro chek'is ganaghdeba msurs.
What are the fees?	რამდენია მოსაკრებელი? ramdenia mosak'rebeli?
Where should I sign?	სად უნდა მოვაწერო ხელი? sad unda movats'ero kheli?

60 [sixty]

At the bank

60 [სამოცი]
60 [samotsi]

ბანკში
bank'shi

I’m expecting a transfer from Germany.
გადმორიცხვას ველოდები გერმანიიდან.
gadmoritskhvas velodebi germaniidan.

Here is my account number.
აი, ჩემი ანგარიშის ნომერი.
ai, chemi angarishis nomeri.

Has the money arrived?
დაირიცხა ფული?
dairitskha puli?

I want to change money.
ფულის გადაცვლა მსურს.
pulis gadatsvla msurs.

I need US-Dollars.
ამერიკული დოლარი მჭირდება.
amerik'uli dolari mch'irdeba.

Could you please give me small notes / bills (am.)?
თუ შეიძლება პატარა კუპიურები მომეცით.
tu sheidzleba p'at'ara k'up'iurebi mometsit.

Is there a cashpoint / an ATM (am.)?
არის აქ ბანკომატი?
aris ak bank'omat'i?

How much money can one withdraw?
რამდენი შემიძლია მოვხსნა?
ramdeni shemidzlia movkhsna?

Which credit cards can one use?
რომელი საკრედიტო ბარათები შემიძლია გამოვიყენო?
romeli sak'redit'o baratebi shemidzlia gamoviqeno?

61 [sixty-one]

Ordinal numbers

61

[სამოცდაერთი]

61 [samotsdaerti]

რიგობითი / რიცხვითი სახელები

rigobiti / ritskhviti sakhelebi

The first month is January.	პირველი თვე არის იანვარი. p'irveli tve aris ianvari.
The second month is February.	მეორე თვე არის თებერვალი. meore tve aris tebervali.
The third month is March.	მესამე თვე არის მარტი. mesame tve aris mart'i.
The fourth month is April.	მეოთხე თვე არის აპრილი. meotkhe tve aris ap'rili.
The fifth month is May.	მეხუთე თვე არის მაისი. mekhute tve aris maisi.
The sixth month is June.	მეექვსე თვე არის ივნისი. meekvse tve aris ivnisi.
Six months make half a year.	ექვსი თვე არის ნახევარი წელი. ekvsi tve aris nakhevari ts'eli.
January, February, March,	იანვარი, თებერვალი, მარტი, ianvari, tebervali, mart'i,
April, May and June.	აპრილი, მაისი, ივნისი. ap'rili, maisi, ivnisi.

61 [sixty-one]

Ordinal numbers

61

[სამოცდაერთი]

61 [samotsdaerti]

რიგობითი / რიცხვითი სახელები

rigobiti / ritskhviti sakhelebi

The seventh month is July.	მეშვიდე თვე არის ივლისი. meshvide tve aris ivlisi.
The eighth month is August.	მერვე თვე არის აგვისტო. merve tve aris agvist'o.
The ninth month is September.	მეცხრე თვე არის სექტემბერი. metskhre tve aris sekt'emberi.
The tenth month is October.	მეათე თვე არის ოქტომბერი. meate tve aris okt'omberi.
The eleventh month is November.	მეთერთმეტე თვე არის ნოემბერი. metertmet'e tve aris noemberi.
The twelfth month is December.	მეთორმეტე თვე არის დეკემბერი. metormet'e tve aris dek'emberi.
Twelve months make a year.	თორმეტი თვე არის ერთი წელი. tormet'i tve aris erti ts'eli.
July, August, September,	ივლისი, აგვისტო, სექტემბერი, ivlisi, agvist'o, sekt'emberi,
October, November and December.	ოქტომბერი, ნოემბერი, დეკემბერი. okt'omberi, noemberi, dek'emberi.

62 [sixty-two]

Asking questions
1

62 [სამოცდაორი]
62 [samotsdaori]

კითხვის დასმა
1
k'itkhvis dasma 1

to learn	სწავლა sts'avla
Do the students learn a lot?	მოსწავლეები ბევრს სწავლობენ? mosts'avleebi bevrs sts'avloben?
No, they learn a little.	არა, ისინი ცოტას სწავლობენ. ara, isini tsot'as sts'avloben.
to ask	შეკითხვა. shek'itkhva.
Do you often ask the teacher questions?	ხშირად ეკითხებით მასწავლებელს? khshirad ek'itkhebit masts'avlebels?
No, I don't ask him questions often.	არა, მე მას ხშირად არ ვეკითხები. ara, me mas khshirad ar vek'itkhebi.
to reply	პასუხი p'asukhi
Please reply.	მიპასუხეთ, თუ შეიძლება. mip'asukhet, tu sheidzleba.
I reply.	ვპასუხობ. vp'asukhob.

62 [sixty-two]

Asking questions 1

62 [სამოცდაორი]
62 [samotsdaori]

კითხვის დასმა 1

k'itkhvis dasma 1

to work	მუშაობა mushaoba
Is he working right now?	ის ახლა მუშაობს? is akhla mushaobs?
Yes, he is working right now.	დიახ, ის ახლა მუშაობს. diakh, is akhla mushaobs.
to come	მოსვლა mosvla
Are you coming?	მოდიხართ? modikhart?
Yes, we are coming soon.	დიახ, ჩვენ ახლავე მოვალთ. diakh, chven akhlave movalt.
to live	ცხოვრება tskhovreba
Do you live in Berlin?	თქვენ ბერლინში ცხოვრობთ? tkven berlinshi tskhovrobt?
Yes, I live in Berlin.	დიახ, მე ბერლინში ვცხოვრობ. diakh, me berlinshi vtskhovrob.

63 [sixty-three]

Asking questions 2

63 [სამოცდასამი]
63 [samotsdasami]

კითხვის დასმა 2

k'itkhvis dasma 2

I have a hobby.	მე მაქვს ჰობი. me makvs hobi.
I play tennis.	ჩოგბურთს ვთამაშობ. chogburts vtamashob.
Where is the tennis court?	სად არის კორტები? sad aris k'ort'ebi?
Do you have a hobby?	გაქვს შენ ჰობი? gakvs shen hobi?
I play football / soccer (am.).	ფეხბურთს ვთამაშობ. pekhburts vtamashob.
Where is the football / soccer (am.) field?	სად არის ფეხბურთის მოედანი? sad aris pekhburtis moedani?
My arm hurts.	მხარი მტკივა. mkhari mt'k'iva.
My foot and hand also hurt.	ფეხი და ხელიც მტკივა. pekhi da khelits mt'k'iva.
Is there a doctor?	სად არის ექიმი? sad aris ekimi?

63 [sixty-three]

Asking questions
2

63 [სამოცდასამი]
63 [samotsdasami]

კითხვის დასმა
2
k'itkhvis dasma 2

I have a car / an automobile.	მე მანქანა მყავს. me mankana mqavs.
I also have a motorcycle.	მე ასევე მოტოციკლიც მყავს. me aseve mot'otsik'lits mqavs.
Where could I park?	სად არის ავტოსადგომი? sad aris avt'osadgomi?
I have a sweater.	მე ჯემპრი მაქვს. me jemp'ri makvs.
I also have a jacket and a pair of jeans.	მე ქურთუკი და ჯინსიც მაქვს. me kurtuk'i da jinsits makvs.
Where is the washing machine?	სად არის სარეცხი მანქანა? sad aris saretskhi mankana?
I have a plate.	მე თეფში მაქვს. me tepshi makvs.
I have a knife, a fork and a spoon.	მე მაქვს დანა, ჩანგალი და კოვზი. me makvs dana, changali da k'ovzi.
Where is the salt and pepper?	სად არის მარილი და პილპილი? sad aris marili da p'ilp'ili?

64 [sixty-four]

64
[სამოცდაოთხი]
64 [samotsdaotkhi]

Negation 1

უარყოფა 1
uarqopa 1

I don’t understand the word.	ამ სიტყვის მნიშვნელობა არ მესმის. am sit'qvis mnishvneloba ar mesmis.
I don’t understand the sentence.	ეს წინადადება ვერ გავიგე. es ts'inadadeba ver gavige.
I don’t understand the meaning.	მე არ მესმის მნიშვნელობა. me ar mesmis mnishvneloba.
the teacher	მასწავლებელი (კაცი). masts'avlebeli (k'atsi).
Do you understand the teacher?	გესმით მასწავლებლის? gesmit masts'avleblis?
Yes, I understand him well.	დიახ, მე მისი კარგად მესმის. diakh, me misi k'argad mesmis.
the teacher	მასწავლებელი (ქალი) masts'avlebeli (kali)
Do you understand the teacher?	გესმით მასწავლებელის? gesmit masts'avlebelis?
Yes, I understand her well.	დიახ, მე მისი კარგად მესმის. diakh, me misi k'argad mesmis.

64 [sixty-four]

Negation 1

64
[სამოცდაოთხი]
64 [samotsdaotkhi]

უარყოფა 1
uarqopa 1

the people	ხალხი. khalkhi.
Do you understand the people?	გესმით ხალხის? gesmit khalkhis?
No, I don't understand them so well.	არა, მე მათი ისე კარგად არ მესმის. ara, me mati ise k'argad ar mesmis.
the girlfriend	მეგობარი გოგო. megobari gogo.
Do you have a girlfriend?	გყავთ მეგობარი გოგო? gqavt megobari gogo?
Yes, I do.	დიახ, მყავს. diakh, mqavs.
the daughter	ქალიშვილი kalishvili
Do you have a daughter?	გყავთ ქალიშვილი? gqavt kalishvili?
No, I don't.	არა, არ მყავს. ara, ar mqavs.

Is the ring expensive?	ბეჭედი ძვირია? bech'edi dzviria?
No, it costs only one hundred Euros.	არა, ის მხოლოდ ასი ევრო ღირს. ara, is mkholod asi evro ghirs.
But I have only fifty.	მაგრამ მე მხოლოდ ორმოცდაათი მაქვს. magram me mkholod ormotsdaati makvs.
Are you finished?	უკვე მზად ხარ? uk've mzad khar?
No, not yet.	არა, ჯერ არა. ara, jer ara.
But I'll be finished soon.	მაგრამ ახლავე მზად ვიქნები. magram akhlave mzad viknebi.
Do you want some more soup?	გინდა კიდევ სუპი? ginda k'idev sup'i?
No, I don't want anymore.	არა, აღარ მინდა. ara, aghar minda.
But another ice cream.	მაგრამ კიდევ ერთი ნაყინი? magram k'idev erti naqini?

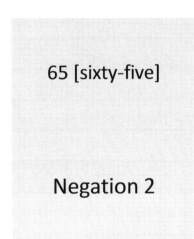

65 [sixty-five]

65
[სამოცდახუთი]
65 [samotsdakhuti]

Negation 2

უარყოფა 2
uarqopa 2

Have you lived here long?	უკვე დიდი ხანია აქ ცხოვრობ? uk've didi khania ak tskhovrob?
No, only for a month.	არა, მხოლოდ ერთი თვეა. ara, mkholod erti tvea.
But I already know a lot of people.	მაგრამ უკვე ბევრ ხალხს ვიცნობ. magram uk've bevr khalkhs vitsnob.
Are you driving home tomorrow?	ხვალ სახლში მიდიხარ? khval sakhlshi midikhar?
No, only on the weekend.	არა, მხოლოდ შაბათ-კვირას. ara, mkholod shabat-k'viras.
But I will be back on Sunday.	მაგრამ კვირასვე დავბრუნდები. magram k'virasve davbrundebi.
Is your daughter an adult?	შენი ქალიშვილი უკვე გაიზარდა? sheni kalishvili uk've gaizarda?
No, she is only seventeen.	არა, ის ჯერ მხოლოდ ჩვიდმეტი წლის არის. ara, is jer mkholod chvidmet'i ts'lis aris.
But she already has a boyfriend.	მაგრამ მას უკვე მეგობარი ჰყავს. magram mas uk've megobari hqavs.

66 [sixty-six]

Possessive pronouns 1

66 [სამოცდაექვსი]
66 [samotsdaekvsi]

კუთვნილებითი ნაცვალსახელები 1
k'utvnilebiti natsvalsakhelebi 1

I – my	მე – ჩემი me – chemi
I can't find my key.	ჩემს გასაღებს ვერ ვპოულობ. chems gasaghebs ver vp'oulob.
I can't find my ticket.	ჩემს ბილეთს ვერ ვპოულობ. chems bilets ver vp'oulob.
you – your	შენ – შენი shen – sheni
Have you found your key?	იპოვე შენი გასაღები? ip'ove sheni gasaghebi?
Have you found your ticket?	იპოვე შენი ბილეთი? ip'ove sheni bileti?
he – his	ის – მისი is – misi
Do you know where his key is?	იცი, სად არის მისი გასაღები? itsi, sad aris misi gasaghebi?
Do you know where his ticket is?	იცი, სად არის მისი ბილეთი? itsi, sad aris misi bileti?

66 [sixty-six]

Possessive pronouns 1

66
[სამოცდაექვსი]
66 [samotsdaekvsi]

კუთვნილებით
ი
ნაცვალსახელე
ბი 1
k'utvnilebiti natsvalsakhelebi 1

she – her	ის [ქალი] – მისი [ქალის] is [kali] – misi [kalis]
Her money is gone.	მისი ფული დაიკარგა. misi puli daik'arga.
And her credit card is also gone.	და მისი საკრედიტო ბარათიც დაიკარგა. da misi sak'redit'o baratits daik'arga.
we – our	ჩვენ – ჩვენი chven – chveni
Our grandfather is ill.	ჩვენი ბაბუა ავად არის. chveni babua avad aris.
Our grandmother is healthy.	ჩვენი ბებია ჯანმრთელად არის. chveni bebia janmrtelad aris.
you – your	თქვენ – თქვენი tkven – tkveni
Children, where is your father?	ბავშვებო, სად არის თქვენი მამიკო? bavshvebo, sad aris tkveni mamik'o?
Children, where is your mother?	ბავშვებო, სად არის თქვენი დედიკო? bavshvebo, sad aris tkveni dedik'o?

67 [sixty-seven]

Possessive
pronouns 2

67
[სამოცდაშვიდი]
67 [samotsdashvidi]

კუთვნილებით
ი
ნაცვალსახელე
ბი 2
k'utvnilebiti
natsvalsakhelebi 2

the glasses	სათვალე
	satvale
He has forgotten his glasses.	მას თავისი სათვალე დარჩა.
	mas tavisi satvale darcha.
Where has he left his glasses?	სად აქვს მას თავისი სათვალე?
	sad akvs mas tavisi satvale?

the clock	საათი
	saati
His clock isn't working.	მისი საათი გაფუჭდა.
	misi saati gapuch'da.
The clock hangs on the wall.	საათი კედელზე კიდია.
	saati k'edelze k'idia.

the passport	პასპორტი.
	p'asp'ort'i.
He has lost his passport.	მან თავისი პასპორტი დაკარგა.
	man tavisi p'asp'ort'i dak'arga.
Where is his passport then?	სად აქვს მას თავისი პასპორტი?
	sad akvs mas tavisi p'asp'ort'i?

67 [sixty-seven]

Possessive pronouns 2

67

[სამოცდაშვიდი]

67 [samotsdashvidi]

კუთვნილებითი

ნაცვალსახელები 2

k'utvnilebiti natsvalsakhelebi 2

they – their

ისინი – მათი

isini – mati

The children cannot find their parents.

ბავშვები ვერ პოულობენ თავიანთ მშობლებს.

bavshvebi ver p'ouloben taviant mshoblebs.

Here come their parents!

მაგრამ აი, მათი მშობლები მოდიან!

magram ai, mati mshoblebi modian!

you – your

თქვენ – თქვენი

tkven – tkveni

How was your trip, Mr. Miller?

როგორ იმოგზაურეთ, ბატონო მიულერ?

rogor imogzauret, bat'ono miuler?

Where is your wife, Mr. Miller?

სად არის თქვენი ცოლი, ბატონო მიულერ?

sad aris tkveni tsoli, bat'ono miuler?

you – your

თქვენ – თქვენი

tkven – tkveni

How was your trip, Mrs. Smith?

როგორი იყო თქვენი მოგზაურობა, ქალბატონო შმიტ?

rogori iqo tkveni mogzauroba, kalbat'ono shmit'?

Where is your husband, Mrs. Smith?

სად არის თქვენი ქმარი, ქალბატონო შმიტ?

sad aris tkveni kmari, kalbat'ono shmit'?

68 [sixty-eight]

68 [სამოცდარვა]
68 [samotsdarva]

big – small

დიდი – პატარა
didi – p'at'ara

big and small
დიდი და პატარა
didi da p'at'ara

The elephant is big.
სპილო დიდია.
sp'ilo didia.

The mouse is small.
თაგვი პატარაა.
tagvi p'at'araa.

dark and bright
ბნელი და ნათელი
bneli da nateli

The night is dark.
ღამე ბნელია.
ghame bnelia.

The day is bright.
დღე ნათელია.
dghe natelia.

old and young
მოხუცი და ახალგაზრდა.
mokhutsi da akhalgazrda.

Our grandfather is very old.
ჩვენი ბაბუა მოხუცია.
chveni babua mokhutsia.

70 years ago he was still young.
სამოცდაათი წლის წინ ის ჯერ კიდევ ახალგაზრდა იყო.
samotsdaati ts'lis ts'in is jer k'idev akhalgazrda iqo.

68 [sixty-eight]

big – small

68 [სამოცდარვა]
68 [samotsdarva]

დიდი – პატარა
didi – p'at'ara

beautiful and ugly	ლამაზი და უშნო lamazi da ushno
The butterfly is beautiful.	პეპელა ლამაზია. p'ep'ela lamazia.
The spider is ugly.	ობობა უშნოა. oboba ushnoa.
fat and thin	მსუქანი და გამხდარი msukani da gamkhdari
A woman who weighs a hundred kilos is fat.	ასკილოგრამიანი ქალი მსუქანია. ask'ilogramiani kali msukania.
A man who weighs fifty kilos is thin.	ორმოცდაათკილოგრამიანი კაცი გამხდარია. ormotsdaatk'ilogramiani k'atsi gamkhdaria.
expensive and cheap	ძვირი და იაფი dzviri da iapi
The car is expensive.	მანქანა ძვირია. mankana dzviria.
The newspaper is cheap.	გაზეთი იაფია. gazeti iapia.

69 [sixty-nine]

to need – to want to

69 [სამოცდაცხრა]
69 [samotsdatskhra]

საჭიროება – სურვილი
sach'iroeba – survili

I need a bed.
საწოლი მჭირდება.
sats'oli mch'irdeba.

I want to sleep.
ძილი მინდა.
dzili minda.

Is there a bed here?
არის აქ საწოლი?
aris ak sats'oli?

I need a lamp.
ლამპა მჭირდება.
lamp'a mch'irdeba.

I want to read.
კითხვა მინდა.
k'itkhva minda.

Is there a lamp here?
არის აქ ლამპა?
aris ak lamp'a?

I need a telephone.
ტელეფონი მჭირდება.
t'eleponi mch'irdeba.

I want to make a call.
დარეკვა მინდა.
darek'va minda.

Is there a telephone here?
არის აქ ტელეფონი?
aris ak t'eleponi?

69 [sixty-nine]

to need – to want to

69 [სამოცდაცხრა]
69 [samotsdatskhra]

საჭიროება – სურვილი

sach'iroeba – survili

I need a camera.	კამერა მჭირდება. k'amera mch'irdeba.
I want to take photographs.	სურათების გადაღება მინდა. suratebis gadagheba minda.
Is there a camera here?	არის აქ კამერა? aris ak k'amera?
I need a computer.	კომპიუტერი მჭირდება. k'omp'iut'eri mch'irdeba.
I want to send an email.	ელ-ფოსტის გაგზავნა მინდა. el-post'is gagzavna minda.
Is there a computer here?	არის აქ კომპიუტერი? aris ak k'omp'iut'eri?
I need a pen.	კალამი მჭირდება. k'alami mch'irdeba.
I want to write something.	მინდა რაღაც დავწერო. minda raghats davts'ero.
Is there a sheet of paper and a pen here?	არის აქ ფურცელი და კალამი? aris ak purtseli da k'alami?

70 [seventy]

70 [სამოცდაათი]
70 [samotsdaati]

to like something

სურვილი
survili

Would you like to smoke?	მოწევა გნებავთ? mots'eva gnebavt?
Would you like to dance?	ცეკვა გნებავთ? tsek'va gnebavt?
Would you like to go for a walk?	გასეირნება გნებავთ? gaseirneba gnebavt?
I would like to smoke.	მოწევა მინდა. mots'eva minda.
Would you like a cigarette?	გინდა სიგარეტი? ginda sigaret'i?
He wants a light.	მას ცეცხლი უნდა. mas tsetskhli unda.
I want to drink something.	რამის დალევა მინდა. ramis daleva minda.
I want to eat something.	რამის ჭამა მინდა. ramis ch'ama minda.
I want to relax a little.	მინდა ცოტა დავისვენო. minda tsot'a davisveno.

70 [seventy]

to like something

70 [სამოცდაათი]

70 [samotsdaati]

სურვილი

survili

I want to ask you something.

რაღაც მინდა გკითხოთ.

raghats minda gk'itkhot.

I want to ask you for something.

რაღაც მინდა გთხოვოთ.

raghats minda gtkhovot.

I want to treat you to something.

რამეზე მინდა დაგპატიჟოთ.

rameze minda dagp'at'izhot.

What would you like?

რა გნებავთ?

ra gnebavt?

Would you like a coffee?

გნებავთ ერთი ჭიქა ყავა?

gnebavt erti ch'ika qava?

Or do you prefer a tea?

თუ ერთი ჭიქა ჩაი გირჩევნიათ?

tu erti ch'ika chai girchevniat?

We want to drive home.

ჩვენ სახლში წასვლა გვინდა.

chven sakhlshi ts'asvla gvinda.

Do you want a taxi?

ტაქსი გნებავთ?

t'aksi gnebavt?

They want to make a call.

თქვენ დარეკვა გნებავთ.

tkven darek'va gnebavt.

71 [seventy-one]

to want something

71 [სამოცდათერთმეტი]
71 [samotsdatertmet'i]

სურვილი
survili

What do you want to do?	რა გინდათ თქვენ? ra gindat tkven?
Do you want to play football / soccer (am.)?	ფეხბურთის თამაში გინდათ? pekhburtis tamashi gindat?
Do you want to visit friends?	მეგობრების მონახულება გინდათ? megobrebis monakhuleba gindat?
to want	სურვილი survili
I don’t want to arrive late.	არ მინდა გვიან მოვიდე. ar minda gvian movide.
I don’t want to go there.	იქ წასვლა არ მინდა. ik ts'asvla ar minda.
I want to go home.	სახლში წასვლა მინდა. sakhlshi ts'asvla minda.
I want to stay at home.	სახლში დარჩენა მსურს. sakhlshi darchena msurs.
I want to be alone.	მარტო ყოფნა მსურს. mart'o qopna msurs.

71 [seventy-one]

to want something

71 [სამოცდათერთმეტი]
71 [samotsdatertmet'i]

სურვილი
survili

Do you want to stay here?
აქ გინდა დარჩენა?
ak ginda darchena?

Do you want to eat here?
აქ გინდა ჭამა?
ak ginda ch'ama?

Do you want to sleep here?
აქ გინდა ძილი?
ak ginda dzili?

Do you want to leave tomorrow?
ხვალ გსურთ გამგზავრება?
khval gsurt gamgzavreba?

Do you want to stay till tomorrow?
ხვალამდე გსურთ დარჩენა?
khvalamde gsurt darchena?

Do you want to pay the bill only tomorrow?
ანგარიშის გადახდა ხვალ გსურთ?
angarishis gadakhda khval gsurt?

Do you want to go to the disco?
დისკოთეკაზე გინდათ?
disk'otek'aze gindat?

Do you want to go to the cinema?
კინოში გინდათ?
k'inoshi gindat?

Do you want to go to a café?
კაფეში გინდათ?
k'apeshi gindat?

72 [seventy-two]

to have to do something / must

72 [სამოცდათორმეტი]

72 [samotsdatormet'i]

ვალდებულება

valdebuleba

must	ვალდებულება valdebuleba
I must post the letter.	წერილი უნდა გავგზავნო. ts'erili unda gavgzavno.
I must pay the hotel.	სასტუმრო უნდა გადავიხადო. sast'umro unda gadavikhado.
You must get up early.	ადრე უნდა ადგე. adre unda adge.
You must work a lot.	ბევრი უნდა იმუშაო. bevri unda imushao.
You must be punctual.	პუნქტუალური უნდა იყო. p'unkt'ualuri unda iqo.
He must fuel / get petrol / get gas (am.).	მან ბენზინი უნდა ჩაასხას. man benzini unda chaaskhas.
He must repair the car.	მან მანქანა უნდა შეაკეთოს. man mankana unda sheak'etos.
He must wash the car.	მან მანქანა უნდა გარეცხოს. man mankana unda garetskhos.

72 [seventy-two]

to have to do something / must

72 [სამოცდათორმეტი]

72 [samotsdatormet'i]

ვალდებულება

valdebuleba

She must shop.

ის საყიდლებზე უნდა წავიდეს.

is saqidlebze unda ts'avides.

She must clean the apartment.

მან ბინა უნდა დაალაგოს.

man bina unda daalagos.

She must wash the clothes.

მან სარეცხი უდა გარეცხოს.

man saretskhi uda garetskhos.

We must go to school at once.

ჩვენ ახლა სკოლაში უნდა წავიდეთ.

chven akhla sk'olashi unda ts'avidet.

We must go to work at once.

ჩვენ ახლა სამსახურში უნდა წავიდეთ.

chven akhla samsakhurshi unda ts'avidet.

We must go to the doctor at once.

ჩვენ ახლა ექიმთან უნდა წავიდეთ.

chven akhla ekimtan unda ts'avidet.

You must wait for the bus.

თქვენ ავტობუსს უნდა დაუცადოთ.

tkven avt'obuss unda dautsadot.

You must wait for the train.

თქვენ მატარებელს უნდა დაუცადოთ.

tkven mat'arebels unda dautsadot.

You must wait for the taxi.

თქვენ ტაქსს უნდა დაუცადოთ.

tkven t'akss unda dautsadot.

73 [seventy-three]

to be allowed to

73

[სამოცდაცამეტი]

73 [samotsdatsamet'i]

ნებართვა

nebartva

Are you already allowed to drive?	მანქანის ტარების უფლება უკვე გაქვს? mankanis t'arebis upleba uk've gakvs?
Are you already allowed to drink alcohol?	ალკოჰოლის დალევის უფლება უკვე გაქვს? alk'oholis dalevis upleba uk've gakvs?
Are you already allowed to travel abroad alone?	საზღვარგარეთ მარტო გამგზავრების უფლება უკვე გაქვს? sazghvargaret mart'o gamgzavrebis upleba uk've gakvs?
may / to be allowed	ნებართვა nebartva
May we smoke here?	შეიძლება აქ მოვწიოთ? sheidzleba ak movts'iot?
Is smoking allowed here?	აქ მოწევა შეიძლება? ak mots'eva sheidzleba?
May one pay by credit card?	საკრედიტო ბარათით გადახდა შესაძლებელია? sak'redit'o baratit gadakhda shesadzlebelia?
May one pay by cheque / check (am.)?	ჩეკით გადახდა შესაძლებელია? chek'it gadakhda shesadzlebelia?
May one only pay in cash?	მხოლოდ ნაღდი ფულით გადახდაა შესაძლებელი? mkholod naghdi pulit gadakhdaa shesadzlebeli?

73 [seventy-three]

to be allowed to

73

[სამოცდაცამეტი]

73 [samotsdatsamet'i]

ნებართვა

nebartva

May I just make a call?	შეიძლება ერთი დავრეკო? sheidzleba erti davrek'o?
May I just ask something?	შეიძლება რაღაც ვიკითხო? sheidzleba raghats vik'itkho?
May I just say something?	შეიძლება რაღაც ვთქვა? sheidzleba raghats vtkva?
He is not allowed to sleep in the park.	მას პარკში ძილის უფლება არ აქვს. mas p'ark'shi dzilis upleba ar akvs.
He is not allowed to sleep in the car.	მას მანქანაში ძილის უფლება არ აქვს. mas mankanashi dzilis upleba ar akvs.
He is not allowed to sleep at the train station.	მას სადგურზე ძილის უფლება არ აქვს. mas sadgurze dzilis upleba ar akvs.
May we take a seat?	შეიძლება დავსხდეთ? sheidzleba davskhdet?
May we have the menu?	შეიძლება მენიუ მოგვიტანოთ? sheidzleba meniu mogvit'anot?
May we pay separately?	შეიძლება ცალ-ცალკე გადავიხადოთ? sheidzleba tsal-tsalk'e gadavikhadot?

74 [seventy-four]

asking for something

74 [სამოცდათოთხმეტი]

74 [samotsdatotkhmet'i]

თხოვნა

tkhovna

Can you cut my hair?	შეგიძლიათ თმა შემჭრათ? shegidzliat tma shemch'rat?
Not too short, please.	ძალიან მოკლედ არა, თუ შეიძლება. dzalian mok'led ara, tu sheidzleba.
A bit shorter, please.	უფრო მოკლედ, თუ შეიძლება. upro mok'led, tu sheidzleba.
Can you develop the pictures?	შეგიძლიათ სურათები გაამჟღავნოთ? shegidzliat suratebi gaamzhghavnot?
The pictures are on the CD.	სურათები კომპაქტდისკზეა. suratebi k'omp'akt'disk'zea.
The pictures are in the camera.	სურათები კამერაშია. suratebi k'amerashia.
Can you fix the clock?	შეგიძლიათ საათის შეკეთება? shegidzliat saatis shek'eteba?
The glass is broken.	შუშა გატეხილია. shusha gat'ekhilia.
The battery is dead / empty.	ელემენტი დამჯდარია. element'i damjdaria.

74 [seventy-four]

asking for something

74

[სამოცდათოთხმ ეტი]

74

[samotsdatotkhmet'i]

თხოვნა

tkhovna

Can you iron the shirt?	შეგიძლიათ პერანგის დაუთავება? shegidzliat p'erangis dautaveba?
Can you clean the pants / trousers?	შეგიძლიათ შარვლის გაწმენდა? shegidzliat sharvlis gats'menda?
Can you fix the shoes?	შეგიძლიათ ფეხსაცმლის შეკეთება? shegidzliat pekhsatsmlis shek'eteba?
Do you have a light?	შეგიძლიათ მომიკიდოთ? shegidzliat momik'idot?
Do you have a match or a lighter?	ასანთი ან სანთებელა ხომ არ გაქვთ? asanti an santebela khom ar gakvt?
Do you have an ashtray?	გაქვთ საფერფლე? gakvt saperple?
Do you smoke cigars?	ეწევით სიგარას? ets'evit sigaras?
Do you smoke cigarettes?	ეწევით სიგარეტს? ets'evit sigaret's?
Do you smoke a pipe?	ეწევით ჩიბუხს? ets'evit chibukhs?

75 [seventy-five]

75 [სამოცდათხუთმეტი]
75 [samotsdatkhutmet'i]

giving reasons 1

დასაბუთება
dasabuteba

Why aren’t you coming?	რატომ არ მოდიხართ? rat'om ar modikhart?
The weather is so bad.	ძალიან ცუდი ამინდია. dzalian tsudi amindia.
I am not coming because the weather is so bad.	არ მოვდივარ, რადგან ასეთი ავდარია. ar movdivar, radgan aseti avdaria.
Why isn’t he coming?	რატომ არ მოდის? rat'om ar modis?
He isn’t invited.	ის არ არის დაპატიჟებული. is ar aris dap'at'izhebuli.
He isn’t coming because he isn’t invited.	ის არ მოდის, რადგან არ არის დაპატიჟებული. is ar modis, radgan ar aris dap'at'izhebuli.
Why aren’t you coming?	რატომ არ მოდიხარ? rat'om ar modikhar?
I have no time.	დრო არ მაქვს. dro ar makvs.
I am not coming because I have no time.	არ მოვდივარ, რადგან დრო არ მაქვს. ar movdivar, radgan dro ar makvs.

75 [seventy-five]

giving reasons 1

75 [სამოცდათხუთმეტი]

75 [samotsdatkhutmet'i]

დასაბუთება

dasabuteba

Why don't you stay?	რატომ არ რჩები? rat'om ar rchebi?
I still have to work.	კიდევ მაქვს სამუშაო. k'idev makvs samushao.
I am not staying because I still have to work.	არ ვრჩები, რადგან კიდევ მაქვს სამუშაო. ar vrchebi, radgan k'idev makvs samushao.
Why are you going already?	უკვე მიდიხართ? uk've midikhart?
I am tired.	დაღლილი ვარ. daghlili var.
I'm going because I'm tired.	მივდივარ, რადგან დაღლილი ვარ. mivdivar, radgan daghlili var.
Why are you going already?	რატომ მიემგზავრებით უკვე? rat'om miemgzavrebit uk've?
It is already late.	უკვე გვიან არის. uk've gvian aris.
I'm going because it is already late.	მივემგზავრები, რადგან გვიანია. mivemgzavrebi, radgan gviania.

76 [seventy-six]

76 [სამოცდათექვსმეტი]

76 [samotsdatekvsmet'i]

giving reasons 2

დასაბუთება 2

dasabuteba 2

Why didn’t you come?	რატომ არ მოხვედი? rat'om ar mokhvedi?
I was ill.	ავად ვიყავი. avad viqavi.
I didn’t come because I was ill.	არ მოვედი, რადგან ავად ვიყავი. ar movedi, radgan avad viqavi.
Why didn’t she come?	რატომ არ მოვიდა ის? rat'om ar movida is?
She was tired.	ის ავად იყო. is avad iqo.
She didn’t come because she was tired.	ის არ მოვიდა, რადგან ავად იყო. is ar movida, radgan avad iqo.
Why didn’t he come?	რატომ არ მოვიდა? rat'om ar movida?
He wasn’t interested.	მას არ ჰქონდა სურვილი. mas ar hkonda survili.
He didn’t come because he wasn’t interested.	ის არ მოვიდა, რადგან მას არ ჰქონდა სურვილი. is ar movida, radgan mas ar hkonda survili.

76 [seventy-six]

giving reasons 2

76
[სამოცდათექვსმე
ტი]
76
[samotsdatekvsmet'i]

დასაბუთება 2
dasabuteba 2

Why didn't you come?	რატომ არ მოხვედით? rat'om ar mokhvedit?
Our car is damaged.	ჩვენი მანქანა გაფუჭებულია. chveni mankana gapuch'ebulia.
We didn't come because our car is damaged.	ჩვენ არ მოვედით, რადგან ჩვენი მანქანა გაფუჭებულია. chven ar movedit, radgan chveni mankana gapuch'ebulia.
Why didn't the people come?	რატომ არ მოვიდა ხალხი? rat'om ar movida khalkhi?
They missed the train.	მათ მატარებელზე დააგვიანეს. mat mat'arebelze daagvianes.
They didn't come because they missed the train.	ისინი არ მოვიდნენ, რადგან მატარებელზე დააგვიანეს. isini ar movidnen, radgan mat'arebelze daagvianes.
Why didn't you come?	რატომ არ მოხვედი? rat'om ar mokhvedi?
I was not allowed to.	უფლება არ მქონდა. upleba ar mkonda.
I didn't come because I was not allowed to.	არ მოვედი, რადგან უფლება არ მქონდა. ar movedi, radgan upleba ar mkonda.

77 [seventy-seven]

giving reasons 3

77 [სამოცდაჩვიდმეტი]
77 [samotsdachvidmet'i]

დასაბუთება 3
dasabuteba 3

Why aren’t you eating the cake?	ტორტს რატომ არ მიირთმევთ? t'ort's rat'om ar miirtmevt?
I must lose weight.	წონაში უნდა დავიკლო. ts'onashi unda davik'lo.
I’m not eating it because I must lose weight.	ამას არ ვჭამ, რადგან წონაში უნდა დავიკლო. amas ar vch'am, radgan ts'onashi unda davik'lo.
Why aren’t you drinking the beer?	რატომ არ სვამთ ლუდს? rat'om ar svamt luds?
I have to drive.	უნდა ვიმგზავრო. unda vimgzavro.
I’m not drinking it because I have to drive.	არ ვსვამ, რადგან უნდა ვიმგზავრო. ar vsvam, radgan unda vimgzavro.
Why aren’t you drinking the coffee?	რატომ არ სვამ ყავას? rat'om ar svam qavas?
It is cold.	ის ცივია. is tsivia.
I’m not drinking it because it is cold.	არ ვსვამ, რდგან ცივია. ar vsvam, rdgan tsivia.

77 [seventy-seven]

giving reasons 3

77 [სამოცდაჩვიდმეტი]
77 [samotsdachvidmet'i]

დასაბუთება 3
dasabuteba 3

Why aren’t you drinking the tea?
რატომ არ სვამ ჩაის?
rat'om ar svam chais?

I have no sugar.
მე არ მაქვს შაქარი.
me ar makvs shakari.

I’m not drinking it because I don’t have any sugar.
არ ვსვამ, რადგან არ მაქვს შაქარი.
ar vsvam, radgan ar makvs shakari.

Why aren’t you eating the soup?
რატომ არ მიირთმევთ სუპს?
rat'om ar miirtmevt sup's?

I didn’t order it.
მე ეს არ შემიკვეთავს.
me es ar shemik'vetavs.

I’m not eating it because I didn’t order it.
არ ვჭამ, რადგან არ შემიკვეთავს.
ar vch'am, radgan ar shemik'vetavs.

Why don’t you eat the meat?
რატომ არ მიირთმევთ ხორცს?
rat'om ar miirtmevt khortss?

I am a vegetarian.
ვეგეტარიანელი ვარ.
veget'arianeli var.

I’m not eating it because I am a vegetarian.
მე მას არ გეახლებით, რადგან ვეგეტარიანელი ვარ.
me mas ar geakhlebit, radgan veget'arianeli var.

78 [seventy-eight]

Adjectives 1

78
[სამოცდათვრამე
ტი]
78
[samotsdatvramet'i]

ზედსართავები
1
zedsartavebi 1

an old lady	მოხუცი ქალი
	mokhutsi kali
a fat lady	მსუქანი ქალი
	msukani kali
a curious lady	ცნობისმოყვარე ქალი
	tsnobismoqvare kali
a new car	ახალი მანქანა
	akhali mankana
a fast car	სწრაფი მანქანა
	sts'rapi mankana
a comfortable car	მოხერხებული მანქანა
	mokherkhebuli mankana
a blue dress	ლურჯი კაბა
	lurji k'aba
a red dress	წითელი კაბა
	ts'iteli k'aba
a green dress	მწვანე კაბა
	mts'vane k'aba

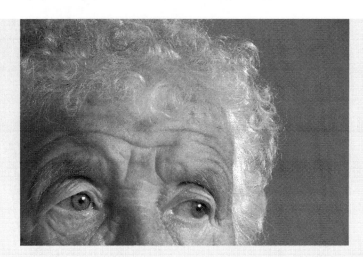

78 [seventy-eight]

Adjectives 1

78 [სამოცდათვრამეტი]

78 [samotsdatvramet'i]

ზედსართავები 1

zedsartavebi 1

a black bag — შავი ჩანთა
shavi chanta

a brown bag — ყავისფერი ჩანთა
qavisperi chanta

a white bag — თეთრი ჩანთა
tetri chanta

nice people — სასიამოვნო ხალხი
sasiamovno khalkhi

polite people — ზრდილობიანი ხალხი
zrdilobiani khalkhi

interesting people — საინტერესო ხალხი
saint'ereso khalkhi

loving children — საყვარელი ბავშვები
saqvareli bavshvebi

cheeky children — თავხედი ბავშვები
tavkhedi bavshvebi

well behaved children — დამჯერი ბავშვები
damjeri bavshvebi

79 [seventy-nine]

Adjectives 2

79
[სამოცდაცხრამეტი]
79
[samotsdatskhramet'i]

ზედსართავები 2

zedsartavebi 2

I am wearing a blue dress.	ლურჯი კაბა მაცვია. lurji k'aba matsvia.
I am wearing a red dress.	წითელი კაბა მაცვია. ts'iteli k'aba matsvia.
I am wearing a green dress.	მწვანე კაბა მაცვია. mts'vane k'aba matsvia.
I'm buying a black bag.	შავ ჩანთას ვყიდულობ. shav chantas vqidulob.
I'm buying a brown bag.	ყავისფერ ჩანთას ვყიდულობ. qavisper chantas vqidulob.
I'm buying a white bag.	თეთრ ჩანთას ვყიდულობ. tetr chantas vqidulob.
I need a new car.	ახალი მანქანა მჭირდება. akhali mankana mch'irdeba.
I need a fast car.	სწრაფი მანქანა მჭირდება. sts'rapi mankana mch'irdeba.
I need a comfortable car.	მოსახერხებელი მანქანა მჭირდება. mosakherkhebeli mankana mch'irdeba.

79 [seventy-nine]

Adjectives 2

79 [სამოცდაცხრამეტი]
79 [samotsdatskhramet'i]

ზედსართავები 2

zedsartavebi 2

An old lady lives at the top. ზემოთ მოხუცი ქალი ცხოვრობს.
zemot mokhutsi kali tskhovrobs.

A fat lady lives at the top. ზემოთ მსუქანი ქალი ცხოვრობს.
zemot msukani kali tskhovrobs.

A curious lady lives below. ქვემოთ ცნობისმოყვარე ქალი ცხოვრობს.
kvemot tsnobismoqvare kali tskhovrobs.

Our guests were nice people. ჩვენი სტუმრები სასიამოვნო ხალხი იყვნენ.
chveni st'umrebi sasiamovno khalkhi iqvnen.

Our guests were polite people. ჩვენი სტუმრები ზრდილობიანი ხალხი იყვნენ.
chveni st'umrebi zrdilobiani khalkhi iqvnen.

Our guests were interesting people. ჩვენი სტუმრები საინტერესო ხალხი იყვნენ.
chveni st'umrebi saint'ereso khalkhi iqvnen.

I have lovely children. მე საყვარელი ბავშვები მყავს.
me saqvareli bavshvebi mqavs.

But the neighbours have naughty children. მაგრამ მეზობლებს ჰყავთ თავხედი ბავშვები.
magram mezoblebs hqavt tavkhedi bavshvebi.

Are your children well behaved? თქვენი ბავშვები დამჯერები არიან?
tkveni bavshvebi damjerebi arian?

80 [eighty]

Adjectives 3

80 [ოთხმოცი]
80 [otkhmotsi]

ზედსართავი 3
zedsartavi 3

She has a dog.	მას ძაღლი ჰყავს. mas dzaghli hqavs.
The dog is big.	ძაღლი დიდია. dzaghli didia.
She has a big dog.	მას დიდი ძაღლი ჰყავს. mas didi dzaghli hqavs.
She has a house.	მას სახლი აქვს. mas sakhli akvs.
The house is small.	სახლი პატარაა. sakhli p'at'araa.
She has a small house.	მას პატარა სახლი აქვს. mas p'at'ara sakhli akvs.
He is staying in a hotel.	ის სასტუმროში ცხოვრობს. is sast'umroshi tskhovrobs.
The hotel is cheap.	სასტუმრო იაფია. sast'umro iapia.
He is staying in a cheap hotel.	ის იაფ სასტუმროში ცხოვრობს. is iap sast'umroshi tskhovrobs.

80 [eighty]

Adjectives 3

80 [ოთხმოცი]
80 [otkhmotsi]

ზედსართავი 3
zedsartavi 3

He has a car.
მას მანქანა ჰყავს.
mas mankana hqavs.

The car is expensive.
მანქანა ძვირია.
mankana dzviria.

He has an expensive car.
მას ძვირიანი მანქანა ჰყავს.
mas dzviriani mankana hqavs.

He reads a novel.
ის რომანს კითხულობს.
is romans k'itkhulobs.

The novel is boring.
რომანი მოსაწყენია.
romani mosats'qenia.

He is reading a boring novel.
ის მოსაწყენ რომანს კითხულობს.
is mosats'qen romans k'itkhulobs.

She is watching a movie.
ის ფილმს უყურებს.
is pilms uqurebs.

The movie is exciting.
ფილმი საინტერესოა.
pilmi saint'eresoa.

She is watching an exciting movie.
ის საინტერესო ფილმს უყურებს.
is saint'ereso pilms uqurebs.

81 [eighty-one]

Past tense 1

81

[ოთხმოცდაერთი]

81 [otkhmotsdaerti]

წარსული 1

ts'arsuli 1

to write	წერა ts'era
He wrote a letter.	ის წერილს წერდა. is ts'erils ts'erda.
And she wrote a card.	ის ბარათს წერდა. is barats ts'erda.
to read	კითხვა k'itkhva
He read a magazine.	ის ჟურნალს კითხულობდა. is zhurnals k'itkhulobda.
And she read a book.	და ის წიგნს კითხულობდა. da is ts'igns k'itkhulobda.
to take	აღება agheba
He took a cigarette.	მან სიგარეტი აიღო. man sigaret'i aigho.
She took a piece of chocolate.	მან ერთი ნაჭერი შოკოლადი აიღო. man erti nach'eri shok'oladi aigho.

81 [eighty-one]

Past tense 1

81
[ოთხმოცდაერთი]
81 [otkhmotsdaerti]

წარსული 1
ts'arsuli 1

He was disloyal, but she was loyal.

ის [კაცი] არ იყო ერთგული, ის [ქალი] კი – ერთგული იყო.

is [k'atsi] ar iqo ertguli, is [kali] k'i – ertguli iqo.

He was lazy, but she was hard-working.

ის [კაცი] ზარმაცი იყო, ის [ქალი] კი – ბეჯითი.

is [k'atsi] zarmatsi iqo, is [kali] k'i – bejiti.

He was poor, but she was rich.

ის [კაცი] ღარიბი იყო, ის [ქალი] კი – მდიდარი.

is [k'atsi] gharibi iqo, is [kali] k'i – mdidari.

He had no money, only debts.

მას ფული კი არ ჰქონდა, არამედ ვალები.

mas puli k'i ar hkonda, aramed valebi.

He had no luck, only bad luck.

მას იღბალი არ ჰქონდა, რადგან უიღბლო იყო.

mas ighbali ar hkonda, radgan uighblo iqo.

He had no success, only failure.

ის წარმატებული კი არა, წარუმატებელი იყო.

is ts'armat'ebuli k'i ara, ts'arumat'ebeli iqo.

He was not satisfied, but dissatisfied.

ის კმაყოფილი კი არა, უკმაყოფილო იყო.

is k'maqopili k'i ara, uk'maqopilo iqo.

He was not happy, but sad.

ის ბედნიერი კი არა, არამედ უბედური იყო.

is bednieri k'i ara, aramed ubeduri iqo.

He was not friendly, but unfriendly.

ის სიმპატიური კი არ იყო, არამედ უშნო იყო.

is simp'at'iuri k'i ar iqo, aramed ushno iqo.

82 [eighty-two]

Past tense 2

82
[ოთხმოცდაორი]
82 [otkhmotsdaori]

წარსული 2
ts'arsuli 2

Did you have to call an ambulance?	სასწრაფო უნდა გამოგეძახა? sasts'rapo unda gamogedzakha?
Did you have to call the doctor?	ექიმისთვის უნდა დაგერეკა? ekimistvis unda dagerek'a?
Did you have to call the police?	პოლიციისთვის უნდა დაგერეკა? p'olitsiistvis unda dagerek'a?
Do you have the telephone number? I had it just now.	გაქვთ ტელეფონის ნომერი? წესით უნდა მქონდეს. gakvt t'eleponis nomeri? ts'esit unda mkondes.
Do you have the address? I had it just now.	გაქვთ მისამართი? წესით უნდა მქონდეს. gakvt misamarti? ts'esit unda mkondes.
Do you have the city map? I had it just now.	გაქვთ ქალაქის რუკა? წესით უნდა მქონდეს. gakvt kalakis ruk'a? ts'esit unda mkondes.
Did he come on time? He could not come on time.	ის პუნქტუალურად მოვიდა? მან პუნქტუალურად მოსვლა ვერ შეძლო. is p'unkt'ualurad movida? man p'unkt'ualurad mosvla ver shedzlo.
Did he find the way? He could not find the way.	იპოვნა მან გზა? მან გზის პოვნა ვერ შეძლო. ip'ovna man gza? man gzis p'ovna ver shedzlo.
Did he understand you? He could not understand me.	გაგიგო მან? მან ჩემი გაგება ვერ შეძლო. gagigo man? man chemi gageba ver shedzlo.

82 [eighty-two]

Past tense 2

82

[ოთხმოცდაორი]

82 [otkhmotsdaori]

წარსული 2

ts'arsuli 2

Why could you not come on time?	რატომ ვერ შეძელი პუნქტუალურად მოსვლა? rat'om ver shedzeli p'unkt'ualurad mosvla?
Why could you not find the way?	რატომ ვერ შეძელი გზის პოვნა? rat'om ver shedzeli gzis p'ovna?
Why could you not understand him?	რატომ ვერ შეძელი მისი გაგება? rat'om ver shedzeli misi gageba?
I could not come on time because there were no buses.	მე ვერ შევძელი პუნქტუალურად მოსვლა, რადგან ავტობუსი აღარ მოვიდა. me ver shevdzeli p'unkt'ualurad mosvla, radgan avt'obusi aghar movida.
I could not find the way because I had no city map.	მე ვერ შევძელი გზის გაგნება, რადგან რუკა არ მქონდა. me ver shevdzeli gzis gagneba, radgan ruk'a ar mkonda.
I could not understand him because the music was so loud.	მე ვერ შევძელი მისი გაგება, რადგან მუსიკა იყო ხმამაღლა. me ver shevdzeli misi gageba, radgan musik'a iqo khmamaghla.
I had to take a taxi.	ტაქსიში უნა ჩავმჯდარიყავი. t'aksishi una chavmjdariqavi.
I had to buy a city map.	რუკა უნდა მეყიდა. ruk'a unda meqida.
I had to switch off the radio.	რადიო უნდა გამომერთო. radio unda gamomerto.

83 [eighty-three]

Past tense 3

83

[ოთხმოცდასამი]

83 [otkhmotsdasami]

წარსული 3

ts'arsuli 3

to make a call	ტელეფონზე დარეკვა t'eleponze darek'va
I made a call.	დავრეკე. davrek'e.
I was talking on the phone all the time.	სულ ტელეფონზე ვლაპარაკობდი. sul t'eleponze vlap'arak'obdi.
to ask	შეკითხვა shek'itkhva
I asked.	ვიკითხე. vik'itkhe.
I always asked.	სულ ვკითხულობდი. sul vk'itkhulobdi.
to narrate	თხრობა tkhroba
I narrated.	მოვყევი. movqevi.
I narrated the whole story.	სულ ვყვებოდი. sul vqvebodi.

83 [eighty-three]

83

[ოთხმოცდასამი]

83 [otkhmotsdasami]

Past tense 3

წარსული 3

ts'arsuli 3

to study	სწავლა sts'avla
I studied.	ვისწავლე. vists'avle.
I studied the whole evening.	მთელი საღამო ვსწავლობდი. mteli saghamo vsts'avlobdi.
to work	მუშაობა mushaoba
I worked.	ვიმუშავე. vimushave.
I worked all day long.	მთელი დღე ვიმუშავე. mteli dghe vimushave.
to eat	ჭამა ch'ama
I ate.	ვჭამე. vch'ame.
I ate all the food.	საჭმელი სულ შევჭამე. sach'meli sul shevch'ame.

84 [eighty-four]

84 [ოთხმოცდაოთხი]

84 [otkhmotsdaotkhi]

Past tense 4

წარსული 4

ts'arsuli 4

to read	კითხვა k'itkhva
I read.	წავიკითხე. ts'avik'itkhe.
I read the whole novel.	მთელი რომანი წავიკითხე. mteli romani ts'avik'itkhe.
to understand	გაგება. gageba.
I understood.	გავიგე. gavige.
I understood the whole text.	მთელი ტექსტი გავიგე. mteli t'ekst'i gavige.
to answer	პასუხი p'asukhi
I answered.	ვუპასუხე. vup'asukhe.
I answered all the questions.	ყველა კითხვას ვუპასუხე. qvela k'itkhvas vup'asukhe.

84 [eighty-four]

Past tense 4

84

[ოთხმოცდაოთხი
]

84 [otkhmotsdaotkhi]

წარსული 4

ts'arsuli 4

I know that – I knew that.

ვიცი – ვიცოდი.
vitsi – vitsodi.

I write that – I wrote that.

ვწერ – დავწერე.
vts'er – davts'ere.

I hear that – I heard that.

მესმის – გავიგეე.
mesmis – gavigee.

I'll get it – I got it.

მომაქვს – მოვიტანე.
momakvs – movit'ane.

I'll bring that – I brought that.

მომაქვს – მოვიტანე.
momakvs – movit'ane.

I'll buy that – I bought that.

ვყიდულობ – ვიყიდე.
vqidulob – viqide.

I expect that – I expected that.

ველი – ველოდი.
veli – velodi.

I'll explain that – I explained that.

ვხსნი – ავხსენი.
vkhsni – avkhseni.

I know that – I knew that.

ვიცი – ვიცოდი.
vitsi – vitsodi.

85 [eighty-five]

Questions – Past tense 1

85
[ოთხმოცდახუთი]
85 [otkhmotsdakhuti]

შეკითხვა – წარსული 1
shek'itkhva – ts'arsuli 1

How much did you drink?	რამდენი დალიეთ? ramdeni daliet?
How much did you work?	რამდენი იმუშავეთ? ramdeni imushavet?
How much did you write?	რამდენი დაწერეთ? ramdeni dats'eret?
How did you sleep?	როგორ გეძინათ? rogor gedzinat?
How did you pass the exam?	როგორ ჩააბარეთ გამოცდა? rogor chaabaret gamotsda?
How did you find the way?	როგორ იპოვეთ გზა? rogor ip'ovet gza?
Who did you speak to?	ვის ელაპარაკეთ? vis elap'arak'et?
With whom did you make an appointment?	ვის მოელაპარაკეთ? vis moelap'arak'et?
With whom did you celebrate your birthday?	ვისთან ერთად იზეიმეთ დაბადების დღე? vistan ertad izeimet dabadebis dghe?

85 [eighty-five]

Questions – Past tense 1

85 [ოთხმოცდახუთი]

85 [otkhmotsdakhuti]

შეკითხვა – წარსული 1

shek'itkhva – ts'arsuli 1

Where were you?

სად იყავით?

sad iqavit?

Where did you live?

სად ცხოვრობდით?

sad tskhovrobdit?

Where did you work?

სად მუშაობდით?

sad mushaobdit?

What did you suggest?

რა ურჩიეთ?

ra urchiet?

What did you eat?

რა მიირთვით?

ra miirtvit?

What did you come to know?

რა შეიტყვეთ?

ra sheit'qvet?

How fast did you drive?

რამდენად სწრაფად მიდიოდით?

ramdenad sts'rapad midiodit?

How long did you fly?

რამდენი ხანი იფრინეთ?

ramdeni khani iprinet?

How high did you jump?

რა სიმაღლეზე ახტით?

ra simaghleze akht'it?

86 [eighty-six]

Questions – Past tense 2

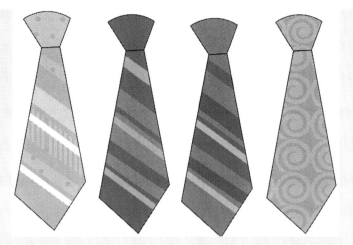

86
[ოთხმოცდაექვსი
]
86 [otkhmotsdaekvsi]

შეკითხვა – წარსული 2

shek'itkhva – ts'arsuli 2

Which tie did you wear?
რომელი ჰალსტუხი გეკეთა?
romeli halst'ukhi gek'eta?

Which car did you buy?
რომელი მანქანა იყიდე?
romeli mankana iqide?

Which newspaper did you subscribe to?
რომელი გაზეთი გამოიწერე?
romeli gazeti gamoits'ere?

Who did you see?
ვინ დაინახე?
vin dainakhe?

Who did you meet?
ვის შეხვდით?
vis shekhvdit?

Who did you recognize?
ვინ იცანით?
vin itsanit?

When did you get up?
როდის ადექით?
rodis adekit?

When did you start?
როდის დაიწყეთ?
rodis daits'qet?

When did you finish?
როდის შეწყვიტეთ?
rodis shets'qvit'et?

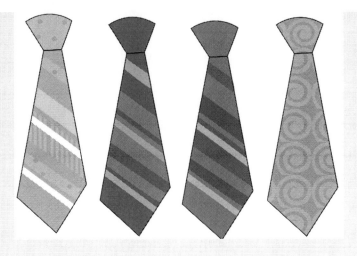

86 [eighty-six]

Questions – Past tense 2

86 [ოთხმოცდაექვსი]

86 [otkhmotsdaekvsi]

შეკითხვა – წარსული 2

shek'itkhva – ts'arsuli 2

Why did you wake up?
რატომ გაიღვიძეთ?
rat'om gaighvidzet?

Why did you become a teacher?
რატომ გახდით მასწავლებელი?
rat'om gakhdit masts'avlebeli?

Why did you take a taxi?
რატომ ჩაჯექით ტაქსში?
rat'om chajekit t'aksshi?

Where did you come from?
საიდან მოხვედით?
saidan mokhvedit?

Where did you go?
სად წახვედით?
sad ts'akhvedit?

Where were you?
სად იყავით?
sad iqavit?

Who did you help?
ვის მიეხმარე?
vis miekhmare?

Who did you write to?
ვის მისწერე?
vis mists'ere?

Who did you reply to?
ვის უპასუხე?
vis up'asukhe?

87 [eighty-seven]

Past tense of modal verbs 1

87 [ოთხმოცდაშვიდი]

87 [otkhmotsdashvidi]

მოდალური ზმნა წარსულში 1

modaluri zmna ts'arsulshi 1

We had to water the flowers.	ყვავილები უნდა მოგვერწყა. qvavilebi unda mogverts'qa.
We had to clean the apartment.	ბინა უნდა დაგველაგებინა. bina unda dagvelagebina.
We had to wash the dishes.	ჭურჭელი უნდა გაგვერეცხა. ch'urch'eli unda gagveretskha.
Did you have to pay the bill?	ანგარიში უნდა გადაგეხადათ? angarishi unda gadagekhadat?
Did you have to pay an entrance fee?	შესვლისთვის უნდა გადაგეხადათ? shesvlistvis unda gadagekhadat?
Did you have to pay a fine?	ჯარიმა უნდა გადაგეხადათ? jarima unda gadagekhadat?
Who had to say goodbye?	ვინ უნდა დამშვიდობებოდა? vin unda damshvidobeboda?
Who had to go home early?	ვინ უნდა წასულიყო ადრე სახლში? vin unda ts'asuliqo adre sakhlshi?
Who had to take the train?	ვინ უნდა ჩამჯდარიყო მატარებელში? vin unda chamjdariqo mat'arebelshi?

87 [eighty-seven]

Past tense of modal verbs 1

87 [ოთხმოცდაშვიდი]

87 [otkhmotsdashvidi]

მოდალური ზმნა წარსულში 1

modaluri zmna ts'arsulshi 1

We did not want to stay long.
არ გვინდოდა დიდხანს დარჩენა.
ar gvindoda didkhans darchena.

We did not want to drink anything.
არ გვინდოდა დალევა.
ar gvindoda daleva.

We did not want to disturb you.
არ გვინდოდა ხელის შეშლა.
ar gvindoda khelis sheshla.

I just wanted to make a call.
ახლახან დარეკვა მინდოდა.
akhlakhan darek'va mindoda.

I just wanted to call a taxi.
მინდოდა ტაქსით წასვლა.
mindoda t'aksit ts'asvla.

Actually I wanted to drive home.
სახლში მინდოდა წასვლა.
sakhlshi mindoda ts'asvla.

I thought you wanted to call your wife.
მეგონა, შენ ცოლთან დარეკვა გინდოდა.
megona, shen tsoltan darek'va gindoda.

I thought you wanted to call information.
მეგონა, შენ ცნობარში დარეკვა გინდოდა.
megona, shen tsnobarshi darek'va gindoda.

I thought you wanted to order a pizza.
მეგონა, შენ პიცის შეკვეთა გინდოდა.
megona, shen p'itsis shek'veta gindoda.

88 [eighty-eight]

Past tense of modal verbs 2

88
[ოთხმოცდარვა]
88 [otkhmotsdarva]

მოდალური ზმნების წარსული 2

modaluri zmnebis ts'arsuli 2

My son did not want to play with the doll.
ჩემს ვაჟს არ სურდა თოჯინით თამაში.
chems vazhs ar surda tojinit tamashi.

My daughter did not want to play football / soccer (am.).
ჩემს ქალიშვილს არ სურდა ფეხბურთის თამაში.
chems kalishvils ar surda pekhburtis tamashi.

My wife did not want to play chess with me.
ჩემს ცოლს არ სურდა ჩემთან ჭადრაკის თამაში.
chems tsols ar surda chemtan ch'adrak'is tamashi.

My children did not want to go for a walk.
ჩემს შვილებს არ სურდათ გასეირნება.
chems shvilebs ar surdat gaseirneba.

They did not want to tidy the room.
მათ არ სურდათ ოთახის დალაგება.
mat ar surdat otakhis dalageba.

They did not want to go to bed.
მათ არ სურდათ დაძინება.
mat ar surdat dadzineba.

He was not allowed to eat ice cream.
მას უფლება არ ჰქონდა ნაყინი ეჭამა.
mas upleba ar hkonda naqini ech'ama.

He was not allowed to eat chocolate.
მას უფლება არ ჰქონდა შოკოლადი ეჭამა.
mas upleba ar hkonda shok'oladi ech'ama.

He was not allowed to eat sweets.
მას უფლება არ ჰქონდა კანფეტები ეჭამა.
mas upleba ar hkonda k'anpet'ebi ech'ama.

88 [eighty-eight]

Past tense of modal verbs 2

88

[ოთხმოცდარვა]

88 [otkhmotsdarva]

მოდალური ზმნების წარსული 2

modaluri zmnebis ts'arsuli 2

I was allowed to make a wish.	უფლება მქონდა რამე მესურვა. upleba mkonda rame mesurva.
I was allowed to buy myself a dress.	უფლება მქონდა კაბა მეყიდა. upleba mkonda k'aba meqida.
I was allowed to take a chocolate.	უფლება მქონდა შოკოლადი ამეღო. upleba mkonda shok'oladi amegho.
Were you allowed to smoke in the airplane?	შეგეძლო თვითმფრინავში მოწევა? shegedzlo tvitmprinavshi mots'eva?
Were you allowed to drink beer in the hospital?	შეგეძლო საავადმყოფოში ლუდის დალევა? shegedzlo saavadmqoposhi ludis daleva?
Were you allowed to take the dog into the hotel?	შეგეძლო სასტუმროში ძაღლის წაყვანა? shegedzlo sast'umroshi dzaghlis ts'aqvana?
During the holidays the children were allowed to remain outside late.	არდადაგებზე ბავშვებს დიდხანს შეეძლოთ გარეთ დარჩენა. ardadagebze bavshvebs didkhans sheedzlot garet darchena.
They were allowed to play in the yard for a long time.	მათ დიდხანს შეეძლოთ ეზოში დარჩენა. mat didkhans sheedzlot ezoshi darchena.
They were allowed to stay up late.	მათ შეეძლოთ დიდხანს არ დაეძინათ. mat sheedzlot didkhans ar daedzinat.

89 [eighty-nine]

Imperative 1

89
[ოთხმოცდაცხრა]
89
[otkhmotsdatskhra]

ბრძანებითი კილო 1
brdzanebiti k'ilo 1

You are so lazy – don’t be so lazy!
შენ ძალიან ზარმაცი ხარ – ნუ ხარ ასეთი ზარმაცი!
shen dzalian zarmatsi khar – nu khar aseti zarmatsi!

You sleep for so long – don’t sleep so late!
შენ დიდხანს გძინავს – ნუ გძინავს ამდენ ხანს!
shen didkhans gdzinavs – nu gdzinavs amden khans!

You come home so late – don’t come home so late!
შენ ძალიან გვიან მოდიხარ – ნუ მოდიხარ ასე გვიან!
shen dzalian gvian modikhar – nu modikhar ase gvian!

You laugh so loudly – don’t laugh so loudly!
შენ ძალიან ხმამაღლა იცინი – ნუ იცინი ასე ხმამაღლა!
shen dzalian khmamaghla itsini – nu itsini ase khmamaghla!

You speak so softly – don’t speak so softly!
შენ ძალიან ჩუმად ლაპარაკობ – ნუ ლაპარაკობ ასე ჩუმად!
shen dzalian chumad lap'arak'ob – nu lap'arak'ob ase chumad!

You drink too much – don’t drink so much!
შენ ძალიან ბევრს სვამ – ნუ სვამ ამდენს!
shen dzalian bevrs svam – nu svam amdens!

You smoke too much – don’t smoke so much!
შენ ძალიან ბევრს ეწევი – ნუ ეწევი ამდენს!
shen dzalian bevrs ets'evi – nu ets'evi amdens!

You work too much – don’t work so much!
შენ ძალიან ბევრს მუშაობ – ნუ მუშაობ ამდენს!
shen dzalian bevrs mushaob – nu mushaob amdens!

You drive too fast – don’t drive so fast!
შენ ძალიან ჩქარა მიდიხარ – ნუ მიდიხარ ასე ჩქარა!
shen dzalian chkara midikhar – nu midikhar ase chkara!

89 [eighty-nine]

Imperative 1

89

[ოთხმოცდაცხრა]

89

[otkhmotsdatskhra]

ბრძანებითი

კილო 1

brdzanebiti k'ilo 1

Get up, Mr. Miller!	აბრძანდით, ბატონო მიულერ! abrdzandit, bat'ono miuler!
Sit down, Mr. Miller!	დაბრძანდით, ბატონო მიულერ! dabrdzandit, bat'ono miuler!
Remain seated, Mr. Miller!	ბრძანდებოდეთ, ბატონო მიულერ! brdzandebodet, bat'ono miuler!
Be patient!	მოითმინეთ! moitminet!
Take your time!	ნუ იჩქარებთ! nu ichkarebt!
Wait a moment!	მოითმონეთ! moitmonet!
Be careful!	ფრთხილად იყავით! prtkhilad iqavit!
Be punctual!	პუნქტუალური იყავით! p'unkt'ualuri iqavit!
Don’t be stupid!	ნუ იქნებით სულელი! nu iknebit suleli!

90 [ninety]

Imperative 2

90
[ოთხმოცდაათი]
90 [otkhmotsdaati]

ბრძანებითი კილო 2
brdzanebiti k'ilo 2

Shave!	გაიპარსე! gaip'arse!
Wash yourself!	დაიბანე! daibane!
Comb your hair!	დაივარცხნე! daivartskhne!
Call!	დარეკე! დარეკეთ! darek'e! darek'et!
Begin!	დაიწყე! დაიწყეთ! daits'qe! daits'qet!
Stop!	შეწყვიტე! შეწყვიტეთ! shets'qvit'e! shets'qvit'et!
Leave it!	შეეშვი! შეეშვით! sheeshvi! sheeshvit!
Say it!	თქვი! თქვით! tkvi! tkvit!
Buy it!	იყიდე! იყიდეთ! iqide! iqidet!

90 [ninety]

Imperative 2

90

[ოთხმოცდაათი]

90 [otkhmotsdaati]

ბრძანებითი კილო 2

brdzanebiti k'ilo 2

Never be dishonest!

ნუ იქნები ცრუ!
nu iknebi tsru!

Never be naughty!

ნუ იქნები თავხედი!
nu iknebi tavkhedi!

Never be impolite!

ნურასდროს იქნები უზრდელი!
nurasdros iknebi uzrdeli!

Always be honest!

იყავი ყოველთვის გულწრფელი!
iqavi qoveltvis gults'rpeli!

Always be nice!

იყავი ყოველთვის სასიამოვნო!
iqavi qoveltvis sasiamovno!

Always be polite!

იყავი ყოველთვის თავაზიანი!
iqavi qoveltvis tavaziani!

Hope you arrive home safely!

ბედნიერად იმგზავრეთ!
bednierad imgzavret!

Take care of yourself!

თავს მიხედეთ!
tavs mikhedet!

Do visit us again soon!

მალევე მოგვინახულეთ!
maleve mogvinakhulet!

91 [ninety-one]

Subordinate clauses: that 1

91
[ოთხმოცდათერთმეტი]
91
[otkhmotsdatertmet'i]

დამოკიდებული წინადადებები რომ-ით
damok'idebuli ts'inadadebebi rom-it

Perhaps the weather will get better tomorrow.	ამინდი ხვალ ალბათ უკეთესი იქნება. amindi khval albat uk'etesi ikneba.
How do you know that?	საიდან იცით? saidan itsit?
I hope that it gets better.	იმედი მაქვს, რომ უკეთესი იქნება. imedi makvs, rom uk'etesi ikneba.
He will definitely come.	ის ნამდვილად მოვა. is namdvilad mova.
Are you sure?	ნამდვილად? namdvilad?
I know that he'll come.	ვიცი, რომ მოვა. vitsi, rom mova.
He'll definitely call.	ის ნამდვილად დარეკავს. is namdvilad darek'avs.
Really?	მართლა? martla?
I believe that he'll call.	ვფიქრობ, რომ დარეკავს. vpikrob, rom darek'avs.

91 [ninety-one]

91

[ოთხმოცდათერთმეტი]

91

[otkhmotsdatertmet'i]

Subordinate clauses: that 1

დამოკიდებული წინადადებები რომ-ით

damok'idebuli ts'inadadebebi rom-it

The wine is definitely old.	ღვინო ნამდვილად ძველია. ghvino namdvilad dzvelia.
Do you know that for sure?	ზუსტად იცით? zust'ad itsit?
I think that it is old.	ვფიქრობ, რომ ძველია. vpikrob, rom dzvelia.
Our boss is good-looking.	ჩვენი უფროსი კარგად გამოიყურება. chveni uprosi k'argad gamoiqureba.
Do you think so?	ასე ფიქრობთ? ase pikrobt?
I find him very handsome.	ვფიქრობ, რომ ძალიან კარგად გამოიყურება. vpikrob, rom dzalian k'argad gamoiqureba.
The boss definitely has a girlfriend.	უფროსს ნამდვილად ჰყავს მეგობარი გოგო. upross namdvilad hqavs megobari gogo.
Do you really think so?	ასე ფიქრობთ? ase pikrobt?
It is very possible that he has a girlfriend.	ეს შესაძლებელია, რომ მას მეგობარი გოგო ჰყავს. es shesadzlebelia, rom mas megobari gogo hqavs.

92 [ninety-two]

92 [ოთხმოცდათორმეტი]

92 [otkhmotsdatormet'i]

Subordinate clauses: that 2

დამოკიდებული წინადადებები რომ-ით 2

damok'idebuli ts'inadadebebi rom-it 2

I'm angry that you snore. — ვბრაზობ, რომ ხვრინავ.
vbrazob, rom khvrinav.

I'm angry that you drink so much beer. — ვბრაზობ, რომ ამდენ ლუდს სვამ.
vbrazob, rom amden luds svam.

I'm angry that you come so late. — ვბრაზობ, რომ ასე გვიან მოდიხარ.
vbrazob, rom ase gvian modikhar.

I think he needs a doctor. — ვფიქრობ, რომ მას ექიმი სჭირდება.
vpikrob, rom mas ekimi sch'irdeba.

I think he is ill. — ვფიქრობ, რომ ის ავად არის.
vpikrob, rom is avad aris.

I think he is sleeping now. — ვფიქრობ, რომ მას ახლა სძინავს.
vpikrob, rom mas akhla sdzinavs.

We hope that he marries our daughter. — იმედი გვაქვს, რომ ის ჩვენს ქალიშვილს ცოლად მოიყვანს.
imedi gvakvs, rom is chvens kalishvils tsolad moiqvans.

We hope that he has a lot of money. — იმედი გვაქვს, რომ ბევრი ფული აქვს.
imedi gvakvs, rom bevri puli akvs.

We hope that he is a millionaire. — ვფიქრობთ, რომ ის მილიონერია.
vpikrobt, rom is milioneria.

92 [ninety-two]

Subordinate clauses: that 2

92 [ოთხმოცდათორმეტი]

92 [otkhmotsdatormet'i]

დამოკიდებული წინადადებები რომ-ით 2

damok'idebuli ts'inadadebebi rom-it 2

I heard that your wife had an accident.	გავიგე, რომ შენი ცოლი ავარიაში მოყვა. gavige, rom sheni tsoli avariashi moqva.
I heard that she is in the hospital.	გავიგე, რომ ის საავადმყოფოში წევს. gavige, rom is saavadmqoposhi ts'evs.
I heard that your car is completely wrecked.	გავიგე, რომ შენი მანქანა გაფუჭდა. gavige, rom sheni mankana gapuch'da.
I'm happy that you came.	მიხარია, რომ მოხვედით. mikharia, rom mokhvedit.
I'm happy that you are interested.	მიხარია, რომ ინტერესი გაქვთ. mikharia, rom int'eresi gakvt.
I'm happy that you want to buy the house.	მიხარია, რომ სახლის ყიდვა შეგიძლიათ. mikharia, rom sakhlis qidva shegidzliat.
I'm afraid the last bus has already gone.	ვშიშობ, რომ ბოლო ავტობუსი უკვე წავიდა. vshishob, rom bolo avt'obusi uk've ts'avida.
I'm afraid we will have to take a taxi.	ვშიშობ, რომ ტაქსში უნდა ჩავჯდეთ. vshishob, rom t'aksshi unda chavjdet.
I'm afraid I have no more money.	ვშიშობ, რომ ფული თან არ მაქვს. vshishob, rom puli tan ar makvs.

93 [ninety-three]

Subordinate clauses: if

93 [ოთხმოცდაცამეტი]

93 [otkhmotsdatsamet'i]

დამოკიდებული წინადადებები თუ-თი

damok'idebuli ts'inadadebebi tu-ti

I don't know if he loves me.	არ ვიცი, თუ ვუყვარვარ. ar vitsi, tu vuqvarvar.
I don't know if he'll come back.	არ ვიცი, თუ დაბრუნდება. ar vitsi, tu dabrundeba.
I don't know if he'll call me.	არ ვიცი, თუ დამირეკავს. ar vitsi, tu damirek'avs.
Maybe he doesn't love me?	ნეტავ თუ ვუყვარვარ? net'av tu vuqvarvar?
Maybe he won't come back?	ნეტავ თუ დაბრუნდება? net'av tu dabrundeba?
Maybe he won't call me?	ნეტავ თუ დამირეკავს? net'av tu damirek'avs?
I wonder if he thinks about me.	მაინტერესებს, თუ ფიქრობს ჩემზე. maint'eresebs, tu pikrobs chemze.
I wonder if he has someone else.	მაინტერესებს, თუ ჰყავს ვინმე სხვა. maint'eresebs, tu hqavs vinme skhva.
I wonder if he lies.	მაინტერესებს, ტყუის თუ არა. maint'eresebs, t'quis tu ara.

93 [ninety-three]

Subordinate clauses: if

93 [ოთხმოცდაცამეტი]

93 [otkhmotsdatsamet'i]

დამოკიდებული წინადადებები თუ-თი

damok'idebuli ts'inadadebebi tu-ti

Maybe he thinks of me?	ნეტავ ჩემზე თუ ფიქრობს? net'av chemze tu pikrobs?
Maybe he has someone else?	ნეტავ სხვა თუ ჰყავს? net'av skhva tu hqavs?
Maybe he tells me the truth?	ნეტავ სიმართლეს თუ ამბობს? net'av simartles tu ambobs?
I doubt whether he really likes me.	ზუსტად არ ვიცი, ვუყვარვარ თუ არა. zust'ad ar vitsi, vuqvarvar tu ara.
I doubt whether he'll write to me.	ზუსტად არ ვიცი, მომწერს თუ არა. zust'ad ar vitsi, momts'ers tu ara.
I doubt whether he'll marry me.	ზუსტად არ ვიცი, ცოლად თუ მომიყვანს. zust'ad ar vitsi, tsolad tu momiqvans.
Does he really like me?	ნეტავ მართლა მოვწონვარ? net'av martla movts'onvar?
Will he write to me?	ნეტავ მართლა მომწერს? net'av martla momts'ers?
Will he marry me?	ნეტავ მართლა მომიყვანს ცოლად? net'av martla momiqvans tsolad?

Conjunctions 1

კავშირები 1
k'avshirebi 1

Wait until the rain stops.	დაიცადე, სანამ წვიმა გადაიღებს. daitsade, sanam ts'vima gadaighebs.
Wait until I'm finished.	დაიცადე, სანამ გავემზადები. daitsade, sanam gavemzadebi.
Wait until he comes back.	დაიცადე, სანამ დაბრუნდება. daitsade, sanam dabrundeba.
I'll wait until my hair is dry.	დავიცდი, სანამ თმა გამიშრება. davitsdi, sanam tma gamishreba.
I'll wait until the film is over.	დავიცდი, სანამ ფილმი დასრულდება. davitsdi, sanam pilmi dasruldeba.
I'll wait until the traffic light is green.	დავიცდი, სანამ შუქნიშანზე მწვანე აინთება. davitsdi, sanam shuknishanze mts'vane ainteba.
When do you go on holiday?	როდის მიემგზავრები შვებულებაში? rodis miemgzavrebi shvebulebashi?
Before the summer holidays?	ზაფხულის არდადაგებამდე? zapkhulis ardadagebamde?
Yes, before the summer holidays begin.	დიახ, სანამ ზაფხულის არდადაგები დაიწყება. diakh, sanam zapkhulis ardadagebi daits'qeba.

94 [ninety-four]

Conjunctions 1

94
[ოთხმოცდათოთ
ხმეტი]
94
[otkhmotsdatotkhmet'
i]

კავშირები 1
k'avshirebi 1

Repair the roof before the winter begins.

შეაკეთე სახურავი, სანამ ზამთარი მოვა.
sheak'ete sakhuravi, sanam zamtari mova.

Wash your hands before you sit at the table.

დაიბანე ხელები, სანამ მაგიდასთან დაჯდები.
daibane khelebi, sanam magidastan dajdebi.

Close the window before you go out.

დახურე ფანჯარა, სანამ გარეთ გახვალ.
dakhure panjara, sanam garet gakhval.

When will you come home?

როდის მოხვალ სახლში?
rodis mokhval sakhlshi?

After class?

გაკვეთილის შემდეგ?
gak'vetilis shemdeg?

Yes, after the class is over.

დიახ, როდესაც გაკვეთილი დასრულდება.
diakh, rodesats gak'vetili dasruldeba.

After he had an accident, he could not work anymore.

მას შემდეგ, რაც ის ავარიაში მოყვა, მუშაობა აღარ შეეძლო.
mas shemdeg, rats is avariashi moqva, mushaoba aghar sheedzlo.

After he had lost his job, he went to America.

მას შემდეგ, რაც მან სამსახური დაკარგა, ამერიკაში წავიდა.
mas shemdeg, rats man samsakhuri dak'arga, amerik'ashi ts'avida.

After he went to America, he became rich.

მას შემდეგ, რაც ის ამერიკაში წავიდა, გამდიდრდა.
mas shemdeg, rats is amerik'ashi ts'avida, gamdidrda.

Conjunctions 2

კავშირები 2
k'avshirebi 2

Since when is she no longer working?	როდიდან აღარ მუშაობთ? rodidan aghar mushaobt?
Since her marriage?	ქორწინების შემდეგ? korts'inebis shemdeg?
Yes, she is no longer working since she got married.	დიახ, ის აღარ მუშაობს, მას შემდეგ, რაც დაქორწინდა. diakh, is aghar mushaobs, mas shemdeg, rats dakorts'inda.
Since she got married, she's no longer working.	მას შემდეგ, რაც იგი დაქორწინდა, აღარ მუშაობს. mas shemdeg, rats igi dakorts'inda, aghar mushaobs.
Since they have met each other, they are happy.	მას შემდეგ, რაც ისინი ერთმანეთს იცნობენ, ბედნიერები არიან. mas shemdeg, rats isini ertmanets itsnoben, bednierebi arian.
Since they have had children, they rarely go out.	მას შემდეგ, რაც მათ ბავშვები ჰყავთ, იშვიათად დადიან სასეირნოდ. mas shemdeg, rats mat bavshvebi hqavt, ishviatad dadian saseirnod.
When does she call?	როდის ლაპარაკობს ის ტელეფონზე? rodis lap'arak'obs is t'eleponze?
When driving?	მგზავრობის დროს? mgzavrobis dros?
Yes, when she is driving.	დიახ, მაშინ, როდესაც ის მანქანას ატარებს. diakh, mashin, rodesats is mankanas at'arebs.

95 [ninety-five]

Conjunctions 2

95
[ოთხმოცდათხუთმეტი]
95
[otkhmotsdatkhutmet'i]

კავშირები 2
k'avshirebi 2

She calls while she drives.

ის ტელეფონზე ლაპარაკობს, როდესაც მანქანას ატარებს.

is t'eleponze lap'arak'obs, rodesats mankanas at'arebs.

She watches TV while she irons.

ის უყურებს ტელევიზორს მაშინ, როდესაც აუთოებს.

is uqurebs t'elevizors mashin, rodesats autoebs.

She listens to music while she does her work.

ის უსმენს მუსიკას, როდესაც დავალებებს აკეთებს.

is usmens musik'as, rodesats davalebebs ak'etebs.

I can't see anything when I don't have glasses.

ვერაფერს ვხედავ, როდესაც სათვალე არ მიკეთია.

verapers vkhedav, rodesats satvale ar mik'etia.

I can't understand anything when the music is so loud.

არაფერი მესმის, როდესაც მუსიკა ასე ხმამაღალია.

araperi mesmis, rodesats musik'a ase khmamaghalia.

I can't smell anything when I have a cold.

არაფრის სუნი არ მცემს, როდესაც სურდო მაქვს.

arapris suni ar mtsems, rodesats surdo makvs.

We'll take a taxi if it rains.

ტაქსს ვაჩერებთ, როდესაც წვიმს.

t'akss vacherebt, rodesats ts'vims.

We'll travel around the world if we win the lottery.

ვიმოგზაურებთ მსოფლიოს გარშემო, როდესაც ლოტოს მოვიგებთ.

vimogzaurebt msoplios garshemo, rodesats lot'os movigebt.

We'll start eating if he doesn't come soon.

ჭამას დავიწყებთ, თუ მალე არ მოვა.

ch'amas davits'qebt, tu male ar mova.

96 [ninety-six]

96
[ოთხმოცდათექვსმეტი]
96
[otkhmotsdatekvsmet'i]

Conjunctions 3

კავშირები 3

k'avshirebi 3

I get up as soon as the alarm rings.	ვდგები მაშინვე, როცა მაღვიძარა რეკავს. vdgebi mashinve, rotsa maghvidzara rek'avs.
I become tired as soon as I have to study.	ვიღლები, როდესაც უნდა ვისწავლო. vighlebi, rodesats unda vists'avlo.
I will stop working as soon as I am 60.	აღარ ვიმუშავებ, როგორც კი 60 წელს მივაღწევ. aghar vimushaveb, rogorts k'i 60 ts'els mivaghts'ev.
When will you call?	როდის დარეკავთ? rodis darek'avt?
As soon as I have a moment.	როგორც კი ცოტა დრო მექნება. rogorts k'i tsot'a dro mekneba.
He'll call, as soon as he has a little time.	ის დარეკავს, როგორც კი ცოტა დრო ექნება. is darek'avs, rogorts k'i tsot'a dro ekneba.
How long will you work?	კიდევ რამდენ ხანს იმუშავებთ? k'idev ramden khans imushavebt?
I'll work as long as I can.	იმდენს ვიმუშავებ, რამდენსაც შევძლებ. imdens vimushaveb, ramdensats shevdzleb.
I'll work as long as I am healthy.	ვიმუშავებ, სანამ ჯანმრთელი ვარ. vimushaveb, sanam janmrteli var.

96 [ninety-six]

Conjunctions 3

96 [ოთხმოცდათექვსმეტი]

96 [otkhmotsdatekvsmet'i]

კავშირები 3

k'avshirebi 3

He lies in bed instead of working.	ის ლოგინში წევს, იმის მაგივრად, რომ იმუშაოს. is loginshi ts'evs, imis magivrad, rom imushaos.
She reads the newspaper instead of cooking.	ის კითხულობს გაზეთს, იმის მაგივრად, რომ საჭმელი მოამზადოს. is k'itkhulobs gazets, imis magivrad, rom sach'meli moamzados.
He is at the bar instead of going home.	ის კაფეში ზის, იმის მაგივრად, რომ სახლში წავიდეს. is k'apeshi zis, imis magivrad, rom sakhlshi ts'avides.
As far as I know, he lives here.	რამდენადაც ვიცი, ის აქ ცხოვრობს. ramdenadats vitsi, is ak tskhovrobs.
As far as I know, his wife is ill.	რამდენადაც ვიცი, მისი ცოლი ავად არის. ramdenadats vitsi, misi tsoli avad aris.
As far as I know, he is unemployed.	რამდენადაც ვიცი, ის უმუშევარია. ramdenadats vitsi, is umushevaria.
I overslept; otherwise I'd have been on time.	რომ არ დამძინებოდა, არ დავაგვიანებდი. rom ar damdzineboda, ar davagvianebdi.
I missed the bus; otherwise I'd have been on time.	ავტობუსზე რომ არ დამეგვიანა, პუნქტუალური ვიქნებოდი. avt'obusze rom ar damegviana, p'unkt'ualuri viknebodi.
I didn't find the way / I got lost; otherwise I'd have been on time.	გზა რომ არ ამბნეოდა, არ დავაგვიანებდი. gza rom ar ambneoda, ar davagvianebdi.

Conjunctions 4

კავშირები 4

k'avshirebi 4

He fell asleep although the TV was on.	მას დაეძინა, მიუხედავად იმისა, რომ ტელევიზორი ჩართული იყო. mas daedzina, miukhedavad imisa, rom t'elevizori chartuli iqo.
He stayed a while although it was late.	ის კიდევ დარჩა, მიუხედავად იმისა, რომ უკვე გვიანი იყო. is k'idev darcha, miukhedavad imisa, rom uk've gviani iqo.
He didn't come although we had made an appointment.	ის არ მოვიდა, მიუხედავად იმისა, რომ მოვილაპარაკეთ. is ar movida, miukhedavad imisa, rom movilap'arak'et.
The TV was on. Nevertheless, he fell asleep.	ტელევიზორი ჩართული იყო, მიუხედავად ამისა, მაინც დაეძინა. t'elevizori chartuli iqo, miukhedavad amisa, maints daedzina.
It was already late. Nevertheless, he stayed a while.	უკვე გვიან იყო, მიუხედავად ამისა, ის მაინც დარჩა. uk've gvian iqo, miukhedavad amisa, is maints darcha.
We had made an appointment. Nevertheless, he didn't come.	ჩვენ მოვილაპარაკეთ, მიუხედავად ამისა, ის მაინც არ მოვიდა. chven movilap'arak'et, miukhedavad amisa, is maints ar movida.
Although he has no license, he drives the car.	მიუხედავად იმისა, რომ მას არ აქვს მართვის მოწმობა, ის მაინც ატარებს ... . miukhedavad imisa, rom mas ar akvs martvis mots'moba, is maints at'arebs ... .
Although the road is slippery, he drives so fast.	მიუხედავად იმისა, რომ გზა მოყინულია, ის მაინც სწრაფად მოძრაობს. miukhedavad imisa, rom gza moqinulia, is maints sts'rapad modzraobs.
Although he is drunk, he rides his bicycle.	მიუხედავად იმისა, რომ ის მთვრალია, ველოსიპედით მიდის. miukhedavad imisa, rom is mtvralia, velosip'edit midis.

97 [ninety-seven]

Conjunctions 4

97
[ოთხმოცდაჩვიდ
მეტი]
97
[otkhmotsdachvidmet'
i]

კავშირები 4
k'avshirebi 4

Despite having no licence / license (am.), he drives the car.	მას არ აქვს მართვის მოწმობა, მიუხედავად ამისა, ის მაინც ატარებს მანქანას. mas ar akvs martvis mots'moba, miukhedavad amisa, is maints at'arebs mankanas.
Despite the road being slippery, he drives fast.	გზა მოყინულია, მიუხედავად ამისა, ის მაინც სწრაფად მოძრაობს. gza moqinulia, miukhedavad amisa, is maints sts'rapad modzraobs.
Despite being drunk, he rides the bike.	ის მთვრალია, მიუხედავად ამისა, მაინც მიდის ველოსიპედით. is mtvralia, miukhedavad amisa, maints midis velosip'edit.
Although she went to college, she can't find a job.	ის ვერ პოულობს სამსახურს, მიუხედავად იმისა, რომ განათლებულია. is ver p'oulobs samsakhurs, miukhedavad imisa, rom ganatlebulia.
Although she is in pain, she doesn't go to the doctor.	ის არ მიდის ექიმთან, მიუხედავად იმისა, რომ მას ტკივილები აქვს. is ar midis ekimtan, miukhedavad imisa, rom mas t'k'ivilebi akvs.
Although she has no money, she buys a car.	ის ყიდულობს მანქანას, მიუხედავად იმისა, რომ ფული არ აქვს. is qidulobs mankanas, miukhedavad imisa, rom puli ar akvs.
She went to college. Nevertheless, she can't find a job.	ის განათლებულია, მიუხედავად ამისა, ვერ პოულობს სამსახურს. is ganatlebulia, miukhedavad amisa, ver p'oulobs samsakhurs.
She is in pain. Nevertheless, she doesn't go to the doctor.	მას ტკივილები აქვს, მიუხედავად ამისა, არ მიდის ექიმთან. mas t'k'ivilebi akvs, miukhedavad amisa, ar midis ekimtan.
She has no money. Nevertheless, she buys a car.	მას არ აქვს ფული, მიუხედავად ამისა ყიდულობს მანქანას. mas ar akvs puli, miukhedavad amisa qidulobs mankanas.

98 [ninety-eight]

Double connectors

98
[ოთხმოცდათვრამეტი]
98
[otkhmotsdatvramet'i]

ორმაგი კავშირები
ormagi k'avshirebi

The journey was beautiful, but too tiring.	მართალია, მოგზაურობა კარგი იყო, მაგრამ ძალიან დამღლელი. martalia, mogzauroba k'argi iqo, magram dzalian damghleli.
The train was on time, but too full.	მატარებელი ზუსტად მოვიდა, მაგრამ ძალიან სავსე იყო. mat'arebeli zust'ad movida, magram dzalian savse iqo.
The hotel was comfortable, but too expensive.	სასტუმრო მყუდრო იყო, მაგრამ ძალიან ძვირი. sast'umro mqudro iqo, magram dzalian dzviri.
He'll take either the bus or the train.	ის ან ავტობუსით წავა, ან – მატარებლით. is an avt'obusit ts'ava, an – mat'areblit.
He'll come either this evening or tomorrow morning.	ის ან დღეს საღამოს მოვა, ან – ხვალ დილას. is an dghes saghamos mova, an – khval dilas.
He's going to stay either with us or in the hotel.	ის ან ჩვენთან იცხოვრებს, ან – სასტუმროში. is an chventan itskhovrebs, an – sast'umroshi.
She speaks Spanish as well as English.	ის ლაპარაკობს ესპანურად ისევე, როგორც ინგლისურად. is lap'arak'obs esp'anurad iseve, rogorts inglisurad.
She has lived in Madrid as well as in London.	მან იცხოვრა მადრიდში ისევე, როგორც ლონდონში. man itskhovra madridshi iseve, rogorts londonshi.
She knows Spain as well as England.	ის იცნობს ესპანეთს ისევე, როგორც ინგლისს. is itsnobs esp'anets iseve, rogorts ingliss.

98 [ninety-eight]

Double connectors

98 [ოთხმოცდათვრამეტი]
98 [otkhmotsdatvramet'i]

ორმაგი კავშირები
ormagi k'avshirebi

He is not only stupid, but also lazy.	ის არა მარტო სულელია, არამედ ზარმაციც. is ara mart'o sulelia, aramed zarmatsits.
She is not only pretty, but also intelligent.	ის არა მარტო ლამაზია, არამედ ჭკვიანიც. is ara mart'o lamazia, aramed ch'k'vianits.
She speaks not only German, but also French.	ის არა მარტო გერმანულად ლაპარაკობს, არამედ ფრანგულადაც. is ara mart'o germanulad lap'arak'obs, aramed pranguladats.
I can neither play the piano nor the guitar.	არც პიანინოზე და არც გიტარაზე დაკვრა შემიძლია. arts p'ianinoze da arts git'araze dak'vra shemidzlia.
I can neither waltz nor do the samba.	არც ვალსის და არც სამბას ცეკვა შემიძლია. arts valsis da arts sambas tsek'va shemidzlia.
I like neither opera nor ballet.	არც ოპერა მიყვარს და არც ბალეტი. arts op'era miqvars da arts balet'i.
The faster you work, the earlier you will be finished.	რაც უფრო სწრაფად იმუშავებ, მით უფრო მალე მორჩები. rats upro sts'rapad imushaveb, mit upro male morchebi.
The earlier you come, the earlier you can go.	რაც უფრო ადრე მოხვალ, მით უფრო მალე შეძლებ წასვლას. rats upro adre mokhval, mit upro male shedzleb ts'asvlas.
The older one gets, the more complacent one gets.	რაც უფრო ბერდები, მით უფრო მშვიდი ხდები. rats upro berdebi, mit upro mshvidi khdebi.

99 [ninety-nine]

99 [ოთხმოცდაცხრამეტი]

99 [otkhmotsdatskhramet'i]

Genitive

გენიტივი

genit'ivi

my girlfriend's cat — ჩემი მეგობრის კატა
chemi megobris k'at'a

my boyfriend's dog — ჩემი მეგობრის ძაღლი
chemi megobris dzaghli

my children's toys — ჩემი ბავშვების სათამაშოები
chemi bavshvebis satamashoebi

This is my colleague's overcoat. — ეს არის ჩემი კოლეგას პალტო.
es aris chemi k'olegas p'alt'o.

That is my colleague's car. — ეს ჩემი კოლეგას მანქანაა.
es chemi k'olegas mankanaa.

That is my colleagues' work. — ეს ჩემი კოლეგების სამუშაოა.
es chemi k'olegebis samushaoa.

The button from the shirt is gone. — პერანგზე ღილი აწყვეტილია.
p'erangze ghili ats'qvet'ilia.

The garage key is gone. — ავტოსადგომის გასაღები დაკარგულია.
avt'osadgomis gasaghebi dak'argulia.

The boss' computer is not working. — უფროსის კომპიუტერი გაფუჭებულია.
uprosis k'omp'iut'eri gapuch'ebulia.

99 [ninety-nine]

99

[ოთხმოცდაცხრამეტი]

99

[otkhmotsdatskhramet'i]

Genitive

გენიტივი

genit'ivi

Who are the girl’s parents?	ვინ არიან გოგონას მშობლები? vin arian gogonas mshoblebi?
How do I get to her parents’ house?	როგორ მივალ მისი მშობლების სახლში? rogor mival misi mshoblebis sakhlshi?
The house is at the end of the road.	სახლი ქუჩის ბოლოს დგას. sakhli kuchis bolos dgas.
What is the name of the capital city of Switzerland?	რა ჰქვია შვეიცარიის დედაქალაქს? ra hkvia shveitsariis dedakalaks?
What is the title of the book?	რა არის წიგნის დასახელება? ra aris ts'ignis dasakheleba?
What are the names of the neighbour’s / neighbor’s (am.) children?	რა ჰქვიათ მეზობლების ბავშვებს? ra hkviat mezoblebis bavshvebs?
When are the children’s holidays?	როდის არის სკოლის არდადაგები? rodis aris sk'olis ardadagebi?
What are the doctor’s consultation times?	როდის აქვს ექიმს მიღების საათები? rodis akvs ekims mighebis saatebi?
What time is the museum open?	როდის არის მუზეუმის ღია? rodis aris muzeumis ghia?

100 [one hundred]

100 [ასი]
100 [asi]

Adverbs

ზმნიზედები
zmnizedebi

already – not yet

ერთხელ უკვე – ჯერ არასოდეს
ertkhel uk've – jer arasodes

Have you already been to Berlin?

ყოფილხართ როდესმე ბერლინში?
qopilkhart rodesme berlinshi?

No, not yet.

არა, ჯერ არასოდეს.
ara, jer arasodes.

someone – no one

ვინმე – არავინ
vinme – aravin

Do you know someone here?

იცნობთ აქ ვინმეს?
itsnobt ak vinmes?

No, I don't know anyone here.

არა, აქ არავის ვიცნობ.
ara, ak aravis vitsnob.

a little longer – not much longer

კიდევ – მეტი აღარ.
k'idev – met'i aghar.

Will you stay here a little longer?

კიდევ დიდხანს რჩებით აქ?
k'idev didkhans rchebit ak?

No, I won't stay here much longer.

არა, აქ დიდხანს აღარ ვრჩები.
ara, ak didkhans aghar vrchebi.

100 [one hundred]

100 [ასი]

100 [asi]

Adverbs

ზმნიზედები

zmnizedebi

something else – nothing else	კიდევ რამე – მეტი არაფერი k'idev rame – met'i araperi
Would you like to drink something else?	გნებავთ კიდევ რაიმეს დალევა? gnebavt k'idev raimes daleva?
No, I don't want anything else.	არა, აღარაფერი მინდა. ara, agharaperi minda.
something already – nothing yet	უკვე რაიმე – ჯერ არაფერი uk've raime – jer araperi
Have you already eaten something?	მიირთვით უკვე რამე? miirtvit uk've rame?
No, I haven't eaten anything yet.	არა, მე ჯერ არაფერი მიჭამია. ara, me jer araperi mich'amia.
someone else – no one else	კიდევ ვინმე – მეტი არავინ k'idev vinme – met'i aravin
Does anyone else want a coffee?	უნდა ვინმეს კიდევ ყავა? unda vinmes k'idev qava?
No, no one else.	არა, მეტს არავის. ara, met's aravis.

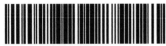

Printed in Great Britain
by Amazon